REGULARIZAÇÃO FUNDIÁRIA EM ÁREAS DE PRESERVAÇÃO PERMANENTE SOB A PERSPECTIVA DA SUSTENTABILIDADE SOCIOAMBIENTAL

VINICIUS SALOMÃO DE AQUINO
TALDEN FARIAS

Edésio Fernandes
Prefácio

REGULARIZAÇÃO FUNDIÁRIA EM ÁREAS DE PRESERVAÇÃO PERMANENTE SOB A PERSPECTIVA DA SUSTENTABILIDADE SOCIOAMBIENTAL

3ª edição revista, ampliada e atualizada

Belo Horizonte
FORUM
CONHECIMENTO JURÍDICO
2024

FÓRUM
CONHECIMENTO JURÍDICO

Luís Cláudio Rodrigues Ferreira
Presidente e Editor

Coordenação editorial: Leonardo Eustáquio Siqueira Araújo
Aline Sobreira de Oliveira

Rua Paulo Ribeiro Bastos, 211 – Jardim Atlântico – CEP 31710-430
Belo Horizonte – Minas Gerais – Tel.: (31) 99412.0131
www.editoraforum.com.br – editoraforum@editoraforum.com.br

Técnica. Empenho. Zelo. Esses foram alguns dos cuidados aplicados na edição desta obra. No entanto, podem ocorrer erros de impressão, digitação ou mesmo restar alguma dúvida conceitual. Caso se constate algo assim, solicitamos a gentileza de nos comunicar através do *e-mail* editorial@editoraforum.com.br para que possamos esclarecer, no que couber. A sua contribuição é muito importante para mantermos a excelência editorial. A Editora Fórum agradece a sua contribuição.

Dados Internacionais de Catalogação na Publicação (CIP) de acordo com ISBD

A657r Aquino, Vinicius Salomão de

Regularização fundiária em áreas de preservação permanente sob a perspectiva da sustentabilidade socioambiental / Vinicius Salomão de Aquino, Talden Farias. -- 3. ed. --. Belo Horizonte: Fórum, 2024.

141p. 14,5x21,5cm
ISBN 978-65-5518-657-4

1. Direito urbanístico. 2. Direito ambiental. 3. Direito civil. 4. Direito constitucional. I. Farias, Talden. II. Título.

CDD: 341.347
CDU: 349.6

Ficha catalográfica elaborada por Lissandra Ruas Lima – CRB/6 – 2851

Informação bibliográfica deste livro, conforme a NBR 6023:2018 da Associação Brasileira de Normas Técnicas (ABNT):

AQUINO, Vinicius Salomão de; FARIAS, Talden. *Regularização fundiária em áreas de preservação permanente sob a perspectiva da sustentabilidade socioambiental*. 3. ed. Belo Horizonte: Fórum, 2024. 141p. ISBN 978-65-5518-657-4.

Aos meus pais, grandes incentivadores dos meus estudos.

Vinicius Salomão de Aquino

Aos mais pobres, que não têm direito nem à habitação nem ao meio ambiente.

Talden Farias

SUMÁRIO

PREFÁCIO

A produção informal do espaço urbano no Brasil, nas suas variadas expressões – favelas, loteamentos irregulares, loteamentos clandestinos, casas de frente e fundo, etc. – é um fenômeno secular, ainda que tenha ganho maior volume e novas dimensões nas últimas quatro décadas. Anteriormente restritos às grandes capitais, os processos informais de acesso ao solo urbano e produção da moradia nas cidades têm se verificado cada vez mais, também nas cidades de porte médio, e até mesmo nas cidades pequenas, envolvendo áreas públicas e privadas e graus diferenciados de organização. As causas do fenômeno têm sido amplamente reconhecidas e discutidas pela literatura acadêmica, compreendendo fatores macroeconômicos globais e nacionais; dinâmicas sociopolíticas típicas do clientelismo histórico; padrões elitistas e excludentes dos sistemas de ordenamento territorial; planejamento urbano e gestão pública; bem como a natureza individualista e mercantilista da ordem jurídica em vigor sobre os direitos fundiários. Em conjunto, tais causas têm determinado a incapacidade estrutural do Estado brasileiro de propiciar condições acessíveis, suficientes, adequadas e bem localizadas de acesso ao solo urbano e à moradia para a maioria da população do país.

Estrutural e estruturante do espaço urbano e das relações e dinâmicas socioespaciais, crescendo mesmo quando a pobreza diminui, a informalidade urbana é a regra e não a exceção. Ao longo das décadas de urbanização intensiva no país, tais processos informais, inegavelmente, têm propiciado, sobretudo aos mais pobres, mais e melhores condições de acesso ao solo e à moradia, do que a combinação de todas as restritas políticas públicas e as quase inexistentes opções do mercado formal. No entanto, embora tais processos sejam efetivamente soluções de curto prazo para um enorme segmento da sociedade brasileira, não se pode mais ignorar o fato de que a informalidade urbana tem uma série de graves implicações e altos custos sociopolíticos, socioambientais, socioculturais, socioeconômicos, financeiros e jurídicos - não apenas para os moradores dos assentamentos informais, mas também para a população urbana e para as cidades em geral. Como tal, a informalidade urbana também é um problema a ser urgentemente enfrentado através de uma série articulada de leis, políticas públicas, programas governamentais, projetos institucionais de variadas ordens e ações sociopolíticas de diversas naturezas.

Este excelente trabalho dos juristas Vinicius Salomão de Aquino e Talden Farias enriquece sobremaneira essa tradição acadêmica, ao tratar com competência e raro vigor interdisciplinar uma dimensão muito importante, mas ainda pouco estudada, do fenômeno da informalidade urbana, qual seja: a formação e a consolidação de assentamentos humanos em áreas de preservação permanente.

Rico em informação e análise, recusando dicotomias tradicionais e falsos conflitos entre o "social" e o "ambiental", sensível às graves questões socioambientais envolvidas, este trabalho tem também o grande mérito de ser decididamente propositivo, indo além da crítica e apontando claramente no sentido das soluções possíveis para o problema. Como tal, e possivelmente mais do que a maioria dos trabalhos acadêmicos sobre o tema da informalidade urbana, esta contribuição preciosa se presta ao avanço e ao aperfeiçoamento das políticas públicas no país, além de fornecer elementos jurídicos valiosos para que as comunidades envolvidas nessas possam vigorosamente defender os seus direitos.

Edésio Fernandes

Advogado e urbanista. Bacharel em Direito e especialista em urbanismo pela UFMG. Mestre e doutor em Direito pela Warwick University. Atualmente é membro da *DPU Associates da University College London* e do *Lincoln Institute of Land Policy*. Autor de inúmeras publicações nacionais e internacionais na área de Direito Urbanístico.

INTRODUÇÃO

Os elevados índices de urbanização combinados com projetos urbanísticos inadequados e/ou não implementados vêm criando situações insustentáveis para a coletividade. O inchaço das cidades não tem encontrado o contrapeso na infraestrutura, gerando inúmeros problemas urbanos. Nesse contexto, milhares de brasileiros são forçados a construir as suas casas de maneira irregular, em áreas de alto risco, sem as condições mínimas de estrutura (saneamento básico, transporte, escolas, hospitais), estando vulneráveis às enchentes, deslizamentos e demais intempéries da natureza. Não é raro que essas moradias acabem sendo construídas em áreas de preservação ambiental destinadas à proteção do meio ambiente contra a intervenção do homem.

As Áreas de Preservação Permanente são espécie do gênero espaços territoriais especialmente protegidos e exercem funções ecológicas relevantes, como estabilidade geológica, proteção das águas e da flora, fundamentais para o equilíbrio ecológico local, sendo dever do Estado instituí-las para fomentar a proteção ao meio ambiente, conforme o *caput* do artigo 225 da Constituição Federal. Ocorre que a legislação, inicialmente através da Lei Federal nº 11.977/2009, agora com o Código Florestal e a Lei Federal nº 13.465/2017 (novo marco legal da regularização fundiária), passou a permitir a regularização fundiária de assentamentos irregulares insertos nessas Áreas de Preservação Permanente para proteção jurídica dos assentados, bem como a promover a urbanização da localidade.

Surge, então, uma complexa questão para a consolidação de uma justiça ambiental, com a busca pela necessária compatibilização entre os direitos sociais e ambientais. Privilegiar os ocupantes dessas áreas ecologicamente sensíveis, ao mesmo tempo em que ajuda a concretizar o direito fundamental à moradia, sempre trará um prejuízo difuso imensurável à população, incluindo-se os próprios beneficiados com o processo de regularização.

Uma postura omissiva do Estado em relação a esse problema seria duplamente danosa: primeiro, ao meio ambiente, porque a falta de infraestrutura e intervenção, além de manter, pode agravar o estado de degradação ambiental; e, segundo, à população ocupante, haja vista que carece de condições de infraestrutura para uma vida digna.

Com isso, a regularização fundiária passa a ter um papel social importante na perspectiva humanitária, ela é um importante instrumento de política pública, que deve ser promovida para assegurar o uso e a ocupação do solo adequado às necessidades de moradia digna dos ocupantes.

Contudo, deve-se avaliar se a possibilidade de regularização fundiária em Áreas de Preservação Permanente é excessivamente permissiva, a sua utilização pode trazer prejuízos incalculáveis ao meio ambiente, ao mesmo tempo em que o combate à crise ambiental é um dos principais desafios da humanidade para o século XXI. Quanto mais essencial for a prestação, mais excepcional deverá ser a razão para que ela não seja atendida. Essas Áreas de Preservação Permanente exercem um papel fundamental para a consolidação de uma cidade sustentável, em harmonia com o meio ambiente e capaz de garantir aos seus moradores um nível digno de bem-estar.

A pesquisa atende a um interesse social imediato, na medida em que abordará os direitos fundamentais à moradia e a um meio ambiente ecologicamente equilibrado no contexto do grande déficit habitacional existente no país, além de possuir relevância econômica, já que a inserção dos assentamentos informais no mercado formal poderá aumentar a circulação de riquezas.

A importância jurídica do trabalho fica evidente diante dos vários questionamentos existentes sobre a regularização fundiária, que ganhou um novo marco regulatório em 2017, e o recente Código Florestal de 2012, além de conferir uma visão jurídica de problemas socioambientais no espaço urbano.

Assim, à luz não apenas da proteção ao meio ambiente, mas realçando também o primado da dignidade da pessoa humana e a busca pela efetivação do direito fundamental à moradia, cabe indagar sobre a situação-problema a ser investigada: é possível compatibilizar o direito ao meio ambiente ecologicamente equilibrado e o direito à moradia através da regularização fundiária?

Para melhor compreender a questão colocada, o estudo tem como objetivo geral apurar a validade da regularização fundiária urbana em

Áreas de Preservação Permanente como política pública para enfrentar, simultaneamente, a crise habitacional e ambiental dos centros urbanos, a partir de reflexões sobre a sustentabilidade socioambiental. Entre os objetivos específicos, estará a compreensão do conteúdo do direito à cidade e do direito à moradia. A legislação nacional também será investigada em busca de normas que possam ajudar a solucionar o problema exposto, em especial o Código Florestal e o novo marco regulatório da regularização fundiária no Brasil. Além disso, apurar-se-á se os requisitos legais da regularização são suficientes para garantir a harmonização dos dois direitos fundamentais – à moradia e ao meio ambiente ecologicamente equilibrado – e identificar-se-á quais condições específicas autorizariam a prevalência do direito à moradia sobre a proteção ao meio ambiente ecologicamente equilibrado.

O primeiro capítulo abordará a temática urbana, procurando estabelecer a relação entre o exercício da cidadania e a garantia do direito à cidade, e identificando quais são as principais funções sociais da cidade. Na sequência, o direito à moradia será analisado, realçando o seu conteúdo material e os números do déficit habitacional existente no país.

O segundo capítulo focará na proteção constitucional ao meio ambiente e nas Áreas de Preservação Permanente como espaços territoriais essenciais para a manutenção do equilíbrio ecológico no espaço urbano.

O capítulo seguinte examinará a evolução do conceito de propriedade e a absorção do conceito de função social da propriedade, para, então, analisar o instituto da regularização fundiária como forma de acesso e garantia dos direitos correlatos à propriedade, destacando as mudanças trazidas com a edição da Medida Provisória nº 759/2016, posteriormente convertida na Lei Federal nº 13.465/2017.

Por fim, o quarto capítulo refletirá sobre o conflito socioambiental existente nas regularizações fundiárias em Áreas de Preservação Permanente, procurando identificar em quais casos a regularização é uma opção viável.

CAPÍTULO 1

A QUESTÃO URBANA E A CRISE HABITACIONAL BRASILEIRA

Cada vez mais, a cidade é o plano de fundo para a vida em sociedade. No ano de 2007, pela primeira vez na história, a população urbana superou a rural e, até 2050, o mundo deverá ser um terço rural e dois terços urbano. Este processo contínuo e irreversível de urbanização traz consigo um desafio: manter as cidades sustentáveis, evitando que grande parte da população mundial passe a viver em um meio degradado que obstaculize ou até impossibilite uma vida saudável e digna.

Aristóteles expõe que cidade é a comunidade política. Ela é uma criação natural constituída a partir de vários povoados, após atingir o ponto de uma autossuficiência praticamente completa. O homem, na condição de animal social, seria desprezível, caso não fizesse parte de uma cidade. Comparável a uma peça de gamão isolada no jogo. O geógrafo Milton Santos leciona que: "Somente na polis, em comunidade com outros, o homem é capaz de cultivar em todas as direções todos os seus dotes, afirmando a sua liberdade, pois não há liberdade solitária".

Um critério puramente quantitativo em relação ao número de habitantes para tentar definir cidade seria falho para Max Weber, que a concebe como "localidade de mercado". A cidade estaria baseada em dois fundamentos: a) a existência de uma sede senhorial-territorial, sobretudo uma sede principesca, como centro, para cujas necessidades econômicas ou políticas trabalham as indústrias, com especialização da produção, e o comércio adquire bens; b) a realização de uma troca de bens não apenas ocasional, mas regular, na localidade, como componente essencial das atividades aquisitivas e da satisfação das necessidades dos moradores: a existência de um mercado.

Outra vertente considera a cidade como um conjunto de subsistemas administrativos, comerciais, industriais e socioculturais de um sistema nacional geral. Dessa forma, ela se caracteriza por ser sede das organizações públicas que governam os cidadãos, polo de comércio e produção de bens, local de florescimento de instituições educacionais e religiosas.

Deste modo, não podemos definir cidade como uma simples aglomeração de pessoas, ela é muito mais complexa e multifacetada. Lewis Mumford a descreve como uma rede geográfica interconectada, uma organização econômica, um processo institucional, uma arena para as ações humanas e um símbolo estético da coletividade. Portanto, a cidade não é apenas uma estrutura física para atividades domésticas e econômicas, mas também um palco para as ações mais significantes e dramáticas da vida humana.

Nesse espaço urbano, os diversos atores sociais lutam para moldar a cidade conforme seus interesses. A cidade também é um ambiente de disputas sociais e políticas, onde a população, ou parcela dela, se articula para exigir um nível de bem-estar social e a conquista de direitos sociais básicos.

1.1 Direito à cidade

O direito à cidade, segundo Lefebvre, "se manifesta como uma forma superior dos direitos: direito à liberdade, à individualização na socialização, ao habitat e ao habitar". Por conseguinte, ele está necessariamente interligado a todos os direitos humanos internacionalmente reconhecidos, compreendendo os direitos civis, políticos, econômicos, sociais, culturais e ambientais.

Pensar o direito à cidade como direito individual seria equivocado. Ele deve ser interpretado como um direito coletivo, mesmo porque é na cidade que todas as ambições secretas e todos os desejos reprimidos encontram uma expressão em algum lugar. A cidade amplia, expande e veicula a natureza humana em todas as suas várias manifestações. É isso que a torna de todos os lugares, o único onde se podem descobrir os segredos dos corações humanos, estudar a natureza humana e a sociedade. Davi Harvey enfatiza que ele é o produto das intervenções dos trabalhadores, dos professores, dos banqueiros e dos gestores públicos no meio urbano e busca harmonizar todos os fragmentos e classes sociais. O Estatuto da Cidade (Lei nº 10.257/2000), marco legal que estabelece diretrizes gerais da política urbana, em seu artigo 1º, destaca que as suas normas são de ordem pública e interesse social.

O direito à cidade é percebido como um direito coletivo de todos os seus habitantes, sendo possível, inclusive, a sua tutela através de Ação Civil Pública, nos termos do artigo 1º, inciso VI, da Lei nº 7.347/1985.

Ao discorrer sobre o conteúdo do direito à cidade, Marcuse elenca os direitos à água potável, ao ar limpo, à moradia, ao saneamento básico, à mobilidade, à educação, à saúde, à gestão democrática, ou seja, às necessidades básicas para uma vida digna. Todavia, o referido autor não considera esse rol suficiente. A segunda dimensão do direito à cidade seria a demanda política por um direito amplo à cidade, mais inclusivo e democrático, conforme os ditames da justiça social.

O movimento pelo direito à cidade foi intensificado nas últimas décadas do século XX. O intenso processo de urbanização aliado à precariedade das políticas públicas que não conseguiam reverter os quadros de injustiça social e redução da qualidade de vida impulsionaram a discussão no âmbito internacional para o seu reconhecimento.

O documento: "Por cidades, vilas e povoados, justos, democráticos e sustentáveis", elaborado na "Conferência da Sociedade Civil Sobre Meio Ambiente e Desenvolvimento", realizada no Rio de Janeiro, em 1992, já destacava a necessidade de implementar uma reforma urbana baseada na expansão da participação dos cidadãos no processo de decisão das políticas a nível local, nacional e internacional, bem como a prevalência dos direitos coletivos sobre os individuais.

Em 2002, durante o segundo Fórum Social Mundial, evento criado para fazer contraponto ao Fórum Econômico Mundial de Davos e ao modelo econômico explorador vigente, os movimentos sociais e ONGs que trabalham com a questão urbana começaram a esboçar o texto que culminaria na: "Carta Mundial do Direito à Cidade". A elaboração desta Carta teve como objetivo disseminar a concepção do direito à cidade como um novo direito humano.

A primeira versão da Carta foi baseada na "Carta Europeia dos Direitos Humanos na Cidade", elaborada pelo Fórum de Autoridades Locais, em Saint Dennis, em maio de 2000, além do já referido: "Por cidades, vilas e povoados, justos, democráticos e sustentáveis" da Rio-92. Os debates foram intensificados em 2004, no Fórum Social das Américas, em Quito, e no Fórum Urbano Mundial, em Barcelona, com a participação de vários segmentos da sociedade que pleiteavam a adoção de um modelo de cidade mais justo e sustentável.

O documento foi finalizado no V Fórum Mundial Social de 2005, que também foi realizado em Porto Alegre, e contou com a adesão formal do Governo brasileiro, através do Ministério das Cidades, ao seu processo de discussão e implementação. A Carta Mundial do Direito à Cidade foi criada com o escopo de fortalecer e unir as reivindicações dos movimentos sociais urbanos e da sociedade civil, promovendo estratégias de mudanças políticas e institucionais nas cidades. O seu intuito é combater as desigualdades com base na mobilização ativa da sociedade em torno da consecução dos direitos humanos para os habitantes das cidades. Ele traz, no artigo 1º, a seguinte definição para direito à cidade:

> O Direito à Cidade é definido como o usufruto equitativo das cidades dentro dos princípios de sustentabilidade, democracia e justiça social; é um direito que confere legitimidade à ação e organização, baseado em seus usos e costumes, com o objetivo de alcançar o pleno exercício do direito a um padrão de vida adequado.

O artigo 2º da Carta, ao listar os princípios e fundamentos estratégicos do direito à cidade, evidencia a preocupação dos autores com a constituição de cidades voltadas ao atendimento das necessidades humanas e não ao capital financeiro. Estes princípios e fundamentos são: o exercício pleno à cidadania e a gestão democrática à cidade; função social da cidade e da propriedade; igualdade e não discriminação; proteção especial de grupos e pessoas vulneráveis; compromisso social do setor privado e impulso à economia solidária e a políticas impositivas e progressivas.

O conteúdo da Carta evidencia uma clara conexão entre direito à cidade e a cidadania, esta pode ser definida como:

> (...) capacidade que tem a pessoa de gozar os direitos civis, políticos e sociais, cumprindo ao mesmo tempo com os deveres que lhe são atribuídos pela ordem jurídica do Estado ao qual pertence, pois, toda pessoa humana tem direito ao menos a uma nacionalidade.

O direito à cidade visa, em suma, a universalização do acesso aos serviços e equipamentos públicos, além da melhoria na qualidade da vida urbana. Aspectos centrais para consecução desse direito, como moradia e meio ambiente saudável, são imprescindíveis para o exercício da cidadania. Uma cidade mal estruturada que não consegue atender a todos os anseios dos seus habitantes permitirá apenas para alguns cidadãos privilegiados, ou até mesmo nenhum, usufruir plenamente da sua cidadania.

Quando o cidadão for privado dos seus direitos à cidade e, consequentemente, não exercer de forma plena a sua cidadania, restará a ele o pertencimento à cidadania passiva, como Haroldo Abreu ressalta, condição na qual a maioria dos direitos atribuídos é objetivamente abstrata e irrealizável.

Do mesmo modo que a cidadania implica na assunção de deveres, o cidadão também tem deveres em relação à cidade, como mantê-la limpa e cumprir a função social da sua propriedade urbana. De acordo com a Carta Mundial do Direito à Cidade, os deveres são exigíveis de acordo com as diferentes responsabilidades e situação de seus habitantes, como forma de promover a justa distribuição dos benefícios e ônus do processo de urbanização, a distribuição da renda urbana, a democratização do acesso à terra e dos serviços públicos para a população pobre.

A complexidade dos núcleos urbanos impõe diversos óbices à efetivação dos direitos sociais, sendo necessária a intervenção do Poder Público com o objetivo de ordenar os espaços habitáveis. Com a explosão demográfica das cidades, o urbanismo também foi se desenvolvendo, inicialmente preocupado em tornar as cidades mais belas e harmoniosas, passou a ser uma ciência multidisciplinar para organização e planejamento da vida nos centros urbanos, visando ao desenvolvimento da vida material e ao bem-estar dos habitantes.

Destarte, o urbanismo exerce um papel vital na consecução dos objetivos de uma cidade mais justa e que cumpra as suas funções sociais. O IV Congresso Internacional de Arquitetura Moderna de 1933, sediado em Atenas, é um marco histórico para a utilização de conhecimentos urbanísticos para promoção do bem-estar dos cidadãos. Nesse congresso, foi elaborada a Carta de Atenas, que apresenta as quatro funções urbanas elementares: habitação, trabalho, recreação e circulação no espaço urbano.

Todos precisam de um local para morar. Pode-se argumentar que a habitação é a função urbana que traz mais claramente a condição de imprescindibilidade para a vida nas cidades, afinal, os cidadãos precisam de um ponto fixo no espaço urbano para ocuparem e, a partir daí, se relacionarem com o ambiente à sua volta e exercerem suas atividades. A sua ausência, além de prejudicar a inserção do cidadão na dinâmica urbana, prejudica ou até obstaculiza o gozo de diversos direitos.

Condições inadequadas de habitação colocam em risco o próprio direito à vida, primeiro e mais elementar dos direitos humanos, ao expor o cidadão e a sua família às intempéries da natureza, como enchentes e desmoronamentos, além de agentes nocivos à saúde. Ademais, deve-se frisar a importância de um espaço onde as pessoas possam desfrutar da sua intimidade e privacidade, para praticar atividades mais pessoais e íntimas e ter um ambiente sossegado para descansar e restabelecer as suas energias após uma jornada de trabalho.

A habitação não é um mero casulo para proteção física do homem. Le Corbusier afirma que: "A morada é um continente que responde a certas condições e estabelece relações úteis entre o meio cósmico e os fenômenos biológicos humanos. Um homem (ou uma família) nela viverá dormindo, andando, ouvindo, vendo e pensando". Ela é um elemento essencial para o homem atingir o seu potencial, prestando uma proteção física, mas também fornecendo um ambiente para interações culturais, intelectuais e outras capazes de promover o seu bem-estar.

A cidade deve propiciar os meios para que seus habitantes possam ter um trabalho digno, direito social consagrado no artigo 6º da Constituição. O espaço urbano precisa estar disposto de tal maneira que os locais onde estão localizados as indústrias e o comércio não sejam muito afastados dos núcleos habitacionais, a fim de evitar o desgaste de longas horas para chegar ao emprego, bem como garantir um meio ambiente de trabalho saudável que reduza o risco de acidentes e doenças laborais. T. H. Marshall afirma que o direito civil básico é o direito de trabalhar, ou seja, de seguir a ocupação de sua preferência, no lugar de sua escolha, estando sujeito apenas à legítima exigência de ter treinamento técnico preliminar.

A cidade deve proporcionar infraestrutura adequada e oferecer condições, bem como ajudar a propiciar um meio ambiente do trabalho adequado com segurança, higiene e salubridade, inclusive através do zoneamento urbano, para melhorar a destinação do uso e ocupação do solo e evitar que indústrias, por exemplo, perturbem o sono dos habitantes da cidade ou expeçam poluentes perigosos perto de zonas residenciais.

A recreação e o lazer também devem ser ofertados pela cidade. O direito ao lazer tem dupla função: 1ª) assegurar a incolumidade físico-psíquica e a saúde do cidadão, promovendo momentos de descanso e descontração fora das exaustivas jornadas de trabalho; 2ª) promover a felicidade e o bem-estar do cidadão.

Martha Nussbaum chega a incluir o lazer ao listar as dez capacidades centrais como exigência para uma vida com dignidade, descrevendo-o como a possibilidade de rir, brincar, gozar de atividades recreativas. As cidades precisam oferecer locais públicos como praças, parques, campos de futebol à população, para a prática de exercícios, e organizar, de forma agradável, os restaurantes e cafés. Estes lugares, segundo Le Corbusier, seriam tanto de contemplação quanto de sociabilidade.

Por fim, promover uma rápida, eficaz e acessível circulação no espaço urbano é de suma importância para a vida urbana. O inchaço das médias e grandes cidades fez com que as distâncias entre a casa, o trabalho e as demais estruturas urbanas aumentassem, mas as opções de transporte não evoluíram para cobrir este crescimento. E mesmo quem mora em localidades mais centrais, sente o trânsito carregado das metrópoles tirar um tempo precioso de suas vidas, que poderia ser direcionado a práticas esportivas ou a ampliar o tempo de convivência familiar.

Ermínia Maricato destaca que a crise de mobilidade está intrinsecamente relacionada ao uso e ocupação do solo, que reserva as regiões mais afastadas aos mais pobres, e não somente ao baixo padrão de qualidade do transporte público. Pesquisadores do IPEA (Instituto de Pesquisa Econômica Aplicada) constataram que nas regiões metropolitanas de Belo Horizonte, Curitiba e Distrito Federal, a parcela mais pobre da população chega a fazer viagens casa-trabalho, respectivamente, 40%, 61% e 75% mais demoradas do que os mais ricos.

Para que isso não se torne um empecilho para a garantia do bem-estar e acesso aos serviços básicos, a cidade deve oferecer uma rede de transporte público rápido e eficiente, além de incentivar o uso de bicicletas ou até mesmo a caminhada, para deslocamentos menores. Investimentos em malhas viárias para carros são reprovados, uma vez que poluem mais, transportam menos pessoas e representam uma visão individualista da cidade que precisa ser combatida.

Nessa temática, merece destaque a Lei nº 12.587/2012, que institui as diretrizes da Política Nacional de Mobilidade Urbana, um dos instrumentos da política de desenvolvimento urbano de que tratam o inciso XX do art. 21 e o art. 182 da Constituição Federal, com o objetivo de integrar os diferentes modos de transporte e melhorar a acessibilidade e a mobilidade de pessoas e cargas no município. Dentre as diretrizes apontadas pela lei para a Política Nacional de Mobilidade Urbana estão: prioridade dos modos de transporte não motorizados e dos serviços de transporte público coletivo sobre o transporte individual motorizado; mitigação de custos ambientais, sociais e econômicos; e a integração com as políticas setoriais de habitação.

A Constituição Federal de 1988 reservou um capítulo para a política urbana, conferindo um destaque à matéria urbanística que até então não tinha tido destaque nas constituições anteriores. O *caput* do artigo 182 coloca o desenvolvimento das funções sociais da cidade como um dos objetivos para as políticas públicas:

> Art. 182. A política de desenvolvimento urbano, executada pelo Poder Público municipal, conforme diretrizes gerais fixadas em lei, tem por objetivo ordenar o pleno desenvolvimento das *funções sociais da cidade* e garantir o bem-estar de seus habitantes.

O Estatuto da Cidade, treze anos depois, também tratou das funções sociais da cidade, fixando que as diretrizes contidas na lei (são dezessete no artigo 2º) para política urbana tenham como escopo a promoção das funções sociais da cidade:

> Art. 2º A política urbana tem por objetivo ordenar o pleno desenvolvimento das *funções sociais da cidade* e da propriedade urbana, mediante as seguintes diretrizes gerais:
> I – garantia do direito a cidades sustentáveis, entendido como o direito à terra urbana, à moradia, ao saneamento ambiental, à infraestrutura urbana, ao transporte e aos serviços públicos, ao trabalho e ao lazer, para as presentes e futuras gerações;
> II – gestão democrática por meio da participação da população e de associações representativas dos vários segmentos da comunidade na formulação, execução e acompanhamento de planos, programas e projetos de desenvolvimento urbano;
> III – cooperação entre os governos, a iniciativa privada e os demais setores da sociedade, no processo de urbanização, em atendimento ao interesse social;
> IV – planejamento do desenvolvimento das cidades, da distribuição espacial da população e das atividades econômicas do Município e do território sob sua área de influência, de modo a evitar e a corrigir as distorções do crescimento urbano e seus efeitos negativos sobre o meio ambiente;
> (...).

Nelson Saule Júnior aponta que a inclusão dessas funções sociais como os pilares para a construção da política de desenvolvimento urbano, à luz do desenvolvimento sustentável, indica a possibilidade de se sair de um marco apenas de crítica e denúncia ao quadro de desigualdade social e conduzir para a construção de uma nova ética urbana, com a inclusão de setores excluídos nas ações governamentais, garantindo-lhes, sempre atentando às questões ambientais e culturais, direitos e à supressão de necessidades básicas.

Essas funções sociais da cidade, reunidas, constituem o alicerce para a vida digna nas cidades e precisam ser pensadas/governadas para que sejam totalmente implementadas. O principal desafio é tornar acessíveis essas funções para toda a população. Enquanto existirem pessoas sem moradia, saneamento, segurança, lazer e outros serviços urbanos básicos, teremos uma cidade longe do ideal, pois ela também deve ser um vetor de promoção da justiça social.

1.2 Uma visão holística para promoção de cidades sustentáveis

As cidades não podem ser concebidas apenas como espaços territoriais isolados hermeticamente, onde os habitantes interagem. Elas são ecossistemas que se comunicam com os ambientes ao seu redor (meio ambiente urbano), sendo influenciadas pelas constantes transformações na natureza impulsionadas pelo homem. O tecido urbano é um local de obtenção de recursos naturais, mas também onde fica concentrado o consumo de bens e várias ações degradantes ao meio ambiente. Lefebvre assevera que ele é a fundação de um modo de viver mais ou menos intenso ou degradado: a sociedade urbana.

Todavia, as cidades, igualmente, podem se transformar em vetores da conservação do meio ambiente e de promoção de um modo de vida mais sustentável. Este é um dos principais desafios para o século XXI, diante do crescimento das taxas de urbanização, tornar as cidades ecologicamente equilibradas, ao mesmo tempo em que propiciem a seus habitantes condições de vida saudável e de se inserirem com dignidade nas relações de trabalho.

Evidencia-se a relevância da questão também quando são observados os dados sobre o crescimento da população urbana nos países periféricos. Nas últimas duas décadas, ela tem crescido, em média, 3 milhões de pessoas por semana. Até 2050, a soma das populações urbanas dos países periféricos deverá dobrar, aumentando de 2,3 bilhões para 5,3 bilhões. Nesse ritmo, o continente asiático deverá concentrar 63% da população urbana global (3,3 bilhões), as cidades africanas, por sua vez, abrigarão 1,2 bilhão. Ao total, 95% do crescimento da população urbana estará concentrado nos países periféricos.

Ignacy Sachs, atento ao dilema da explosão urbana, indica que os problemas de exclusão social, desemprego, tensões sociais, violência e outros praticamente onipresentes nos países periféricos tendem a ser ampliados caso sejam mantidos os métodos utilizados nos países centrais para governar a cidade e reger os rumos da economia. O "modelo do

Norte" apenas aumentaria as desigualdades existentes, beneficiando as elites e marginalizando os mais humildes.

Conciliar preservação do meio ambiente urbano e o crescimento da economia não é uma tarefa simples, as estratégias devem ser cuidadosamente calculadas. Na América Latina, em franco processo de urbanização, atualmente, cerca de 60% a 70% do seu produto interno bruto é produzido nas cidades. Além disso, esta produção é altamente concentrada. As quarenta maiores cidades concentram 30% da renda regional. Só as cidades de São Paulo, México, Buenos Aires e Rio de Janeiro ficam, sozinhas, com 15%, em dissonância com o seu real peso demográfico.

Soluções que privilegiem exclusivamente um ou outro aspecto estão condenadas ao fracasso. No contexto das cidades, as propostas de crescimento zero apresentadas por alguns durante a Conferência de Estocolmo, de 1972, demonstram ser ainda mais inviáveis, uma vez que o aumento da população e da urbanização é um processo inevitável, pelo menos nas próximas décadas, e força a expansão das cidades, além de estimular a economia. Ademais, ainda persistiria a questão das disparidades existentes atualmente entre as nações, bem como no interior dos conglomerados urbanos.

Não existe uma fórmula ideal para construir um modelo de desenvolvimento, principalmente porque cada local, período de tempo, de acordo com as suas especificidades, demandarão novas estratégias. Certo é que o crescimento econômico puro não deve ser cobiçado. Sachs assinala que para alcançar a almejada "civilização de biomassa", aquela que conseguiria cancelar a dívida social e, ao mesmo tempo, reduzir a dívida ecológica, seria necessário atender três elementos centrais: econômico, social e ecológico.

O crescimento meramente econômico é considerado desordenado. Existem, ainda, o benigno à sociedade (econômico + social), o ambientalmente sustentável (econômico + ecológicos) e o desenvolvimento que seria um padrão de crescimento ideal, englobando os três elementos centrais, além de ter a seguinte virtude:

> O desenvolvimento, distinto do crescimento econômico, cumpre esse requisito [reaproximação entre a economia e a ética], na medida em que os objetivos do desenvolvimento vão além da mera multiplicação da riqueza material. O crescimento é uma condição necessária, mas de forma alguma suficiente (muito menos é um objeto em si mesmo), para se alcançar a meta de uma vida melhor, mais feliz e mais completa.

Lefebvre, por sua vez, tece críticas contundentes contra o modo como é conduzida a industrialização nas cidades, separada da urbanização, quando esta deveria ser o sentido, o objetivo e a finalidade daquela. O autor argumenta: "Não se trata apenas dos índices de crescimento da produção e da renda, mas da divisão. Que parte da produção aumentada e da renda global aumentada será atribuída às necessidades sociais, à "cultura", à realidade urbana?" Destarte, não pode haver crescimento econômico só pelo crescimento, posto que essa ideologia "economista" acoberta o superlucro e a superexploração capitalista. O crescimento deve ser orientado na direção da sociedade urbana, substituindo a planificação econômica por uma planificação social.

Na sua obra "O direito à cidade", publicada em 1968, Lefebvre sugere uma opção estratégica para ajudar a reverter a lógica presente nas cidades francesas, que ainda é atual, principalmente no Brasil, e que consiste em limitar a relevância da indústria automobilística. A importância do carro como meio de locomoção deveria ser reduzida, dando preferência a outros meios de transporte coletivos. Isso contribuiria para moldar uma realidade urbana destinada aos usuários e não aos detentores do capital.

Os pensamentos de Lefebvre e Sachs, nesse ponto, caminham no mesmo sentido, valorizando o humano e o coletivo, em detrimento da acumulação de riquezas.

A sustentabilidade ambiental é um tema destacado nos trabalhos de Ignacy Sachs, que a coloca como um dos pilares do desenvolvimento sustentável, destacando a simbiose que existe entre a natureza e a humanidade e como a busca incessante por lucros pode quebrar este equilíbrio. Lefebvre não incluiu o meio ambiente como um dos tópicos centrais dos seus trabalhos sobre o direito à cidade, contudo, ele aponta que o direito à natureza estava ganhando espaço na busca por locais de lazeres, espaços contra o barulho, fadiga pelo ritmo de vida urbano e para fugir da "cidade deteriorada". Ocorre que a natureza, na condição de bem público, que deveria estar à disposição de todos, passou a ser comercializada e vista como valor de troca, restringindo, assim, o seu acesso, apenas àquelas pessoas que pudessem adquiri-la.

Podemos constatar essa realidade, facilmente, nos atuais anúncios do mercado imobiliário. A existência de parques, áreas de lazer, lagos, contato com a natureza de forma geral nos empreendimentos é anunciada como a oportunidade de garantir a qualidade de vida do adquirente e de sua família, uma vez que os espaços verdes e públicos são cada vez mais raros. Além disso, ainda existem os casos em que propriedades privadas "privatizam" áreas públicas, restringindo o acesso a praias, lagos ou cercando parques.

A abordagem diminuta da temática ambiental em Lefebvre pode ser explicada pelo período em que suas principais obras sobre o direito à cidade foram lançadas (década de 1950 até o início da década de 1970), ou seja, antes de se consolidarem os debates da Conferência das Nações Unidas sobre o Meio Ambiente Humano, de 1972, cuja declaração foi o primeiro documento de direito internacional a destacar a relação entre os direitos humanos e a proteção ambiental, afirmando em seu preâmbulo que o meio ambiente, seja ele natural ou criado pelo homem, é essencial para o bem-estar e para o gozo dos direitos humanos fundamentais. Ele também destacou a importância e a necessidade de se adotar ações ambientalmente adequadas para promover o ecodesenvolvimento, termo que posteriormente foi substituído por desenvolvimento sustentável.

Enrique Leff avalia que as teorias Marxistas, e os trabalhos de Marxistas, a exemplo de Lefebvre, não incorporam as condicionantes naturais e culturais que influenciam a mensuração do valor da produção. Ademais, seria incapaz de atribuir um valor aos recursos naturais e culturais. Portanto, a questão ecológica nos obriga a repensar a visão teleológica da história e a repensar as relações sociais e novas formas de trabalho oriundas das constantes e dinâmicas transformações da sociedade.

Todavia, o economista ressalta que a crítica Marxista pode enriquecer o debate sobre a ecologia crítica, com suas análises do sistema produtivo e das relações de poder, ajudando a construir novos paradigmas de sustentabilidade mais adequados à realidade social. A obra de Lefebvre pode não trazer soluções específicas para incrementar os níveis de sustentabilidade ambiental urbana, porém, seus estudos detalhados sobre as dinâmicas sociais e de poder sobre o território urbano são ainda valiosos atualmente, para compreensão das suas estruturas e a formulação de técnicas, estratégias e projetos para a proteção do meio ambiente urbano.

Um ponto de convergência entre Lefebvre e os pensadores das teorias desenvolvimentistas vinculadas à CEPAL (Comissão Econômica para a América Latina e o Caribe) é a consciência de que o gradual processo de urbanização não subtrai a relevância do campo/meio rural para a sociedade. Lefebvre é categórico ao afirmar que a crise da agricultura e da vida camponesa tradicional acompanha e agrava a crise nas cidades. Ele acrescenta, relatando que, principalmente nos países "em vias de desenvolvimento", a desestruturação agrária joga para as cidades camponeses sem posses e as condições necessárias para viver nas cidades, ao final, a favela acaba os acolhendo de forma desumana, servindo como mediador das relações campo-urbanas.

Atento à problemática, Sachs elenca, dentre os critérios de sustentabilidade por ele idealizados, a existência de configurações rurais e urbanas balanceadas e a eliminação da preferência por investimentos públicos em áreas urbanas.

Nesse contexto, evidencia-se a importância da reforma agrária. Celso Furtado aponta que a estrutura agrária é o principal fator que causa a extremada concentração da renda. Não tanto porque a renda seja mais concentrada no setor agrícola do que no conjunto das atividades produtivas, mas porque, não havendo no campo praticamente nenhuma possibilidade de melhoria das condições de vida, a população rural tende a se deslocar para as zonas urbanas, congestionando, assim, a oferta de mão de obra não especializada.

A redução da migração campo-cidade, o aumento na produção de alimentos básicos e a democratização das estruturas de poder seriam alguns dos benefícios trazidos caso houvesse uma efetiva reforma agrária no país. Isso facilitaria, exponencialmente, a tarefa de promover cidades sustentáveis e a qualidade de vida no campo e na cidade.

O desenvolvimento sustentável é constituído com base em uma ética de solidariedade sincrônica (para a geração atual) e diacrônica (para as gerações futuras) e, para alcançá-lo, Sachs indica cinco pilares que conferem sustentação: social, ambiental, espacial, econômico e político.

O pilar *social* institui que a lógica do crescimento deve seguir a lógica da boa sociedade, equânime na distribuição de renda e bens para reduzir as desigualdades sociais. O aspecto *espacial* ou territorial está atrelado à distribuição espacial dos recursos, das populações e das atividades. Ele pode ser otimizado com a redução da concentração excessiva nas áreas metropolitanas, a descentralização da industrialização, a proteção aos ecossistemas mais frágeis e a promoção de práticas modernas e regenerativas na agricultura, conferindo aos pequenos agricultores condições para se manterem no campo.

A sustentabilidade *ecológica* pode ser alcançada/majorada, segundo proposta de Sachs, com a adoção de normas mais rígidas, redução da quantidade de resíduos e poluentes, imposição de limites para o consumo de combustíveis fósseis e uso da tecnologia para criação de soluções inovadoras para as questões ambientais.

No plano *econômico*, a sua eficiência precisa ser avaliada em termos macrossociais, ao invés de visar apenas o aumento da rentabilidade. A sustentabilidade econômica também passa pela modificação nas relações entre os países do "Norte" e do "Sul", alterando os termos das trocas desfavoráveis e das barreiras protecionistas.

Por fim, na variável *política*, a governança democrática, com participação de todos os extratos sociais, é considerada um vetor e instrumento necessário para promover o desenvolvimento sustentável. No plano internacional, os países devem formar laços de cooperação para reduzir a emissão de poluentes e outras ações sustentáveis a nível global.

Essas propostas, em sua maioria, podem ser aplicadas nas cidades, a fim de torná-las mais sustentáveis, e são, de fato, similares às diretrizes indicadas por urbanistas e ecologistas. Os eixos de sustentabilidade devem ser perseguidos conjuntamente, mas a árdua busca pelo desenvolvimento sustentável apresenta decisões difíceis que devem ser tomadas privilegiando um aspecto ou outro. As questões ambientais e sociais devem prevalecer sobre as econômicas, contudo, quando aqueles dois estão em conflito, qual deve ser priorizado? A finitude e a essencialidade dos recursos naturais pesam, mas Sachs sustenta que "a sustentabilidade social vem na frente, por se destacar como a própria finalidade do desenvolvimento". "Sem contar com a probabilidade de que um colapso social ocorra antes da catástrofe ambiental", por isso a sustentabilidade do meio ambiente viria em decorrência.

Lefebvre, mesmo sem explorar diretamente o tema de cidades sustentáveis, até porque ele é posterior à sua obra, aborda, além da questão da natureza e da proteção da vida no campo, já explicitados anteriormente, outros pontos comuns às propostas de Sachs, que ele achava necessário para a conquista do direito à cidade.

Um dos pontos centrais do pensamento de Lefebvre é também uma das chaves para a construção de cidades sustentáveis: a luta de classes e a participação popular. A cidade é uma obra das condições históricas e espelha a sua sociedade. Caso apenas os detentores dos meios de produção e as elites políticas indiquem os seus rumos, ela tenderá a atender apenas aos interesses destes, sem se preocupar com a coesão social e a qualidade de vida de toda a população.

A única forma de as classes menos favorecidas obterem mais direitos é conseguir que elas participem, efetivamente, influenciando as decisões políticas. A participação de todos os atores sociais é fundamental para potencializar as estratégias de desenvolvimento que devem atentar para os problemas mais latentes e aspirações dos grupos mais vulneráveis.

Caso contrário, o extrato da sociedade detentora dos privilégios promoverá apenas uma forma perversa de inclusão social. O sociólogo

José de Souza Martins aduz que na sociedade capitalista não há propriamente uma exclusão, mas, na verdade, uma inclusão social fundada na degradação da pessoa e na desvalorização do trabalho, insuficiente para garantir um mínimo existencial, servindo apenas para "conter as massas".

As condições ideais de identidade urbana, cidadania e pertencimento já estão prejudicadas pela propagação do mal-estar da prática neoliberal. Mesmo a ideia de David Harvey, de que a cidade poderia funcionar como um corpo político coletivo, um lugar no interior do qual e a partir dele movimentos sociais progressistas poderiam surgir, parece cada vez menos factível.

Aristóteles enfatiza que nada ter em comum é obviamente impossível, pois a cidade é basicamente uma forma de comunidade, e, antes de mais nada, ela deve ser o lugar de todos, uma cidade tem de ser em um lugar, e uma cidade pertence aos cidadãos em comum. Todavia, a realidade evidencia um cenário em que esta característica central da comunidade política está encolhida. Tony Judt, por sua vez, alerta que a perda do sentido coletivo é altamente prejudicial para a sociedade, uma vez que a população, principalmente os jovens, passam a se sentir desmotivados a participar da vida política. Desta forma, os políticos não se sentiram pressionados a lutar pela melhoria da qualidade de vida dos cidadãos e puderam se concentrar em atender aos interesses do mercado.

A democracia direta surge como alternativa para superar essas falhas de representatividade das decisões sobre políticas públicas. No ordenamento jurídico brasileiro, o Estatuto da Cidade elenca a gestão democrática como uma de suas diretrizes gerais, além de reservar um capítulo específico para tratar da gestão democrática da cidade, onde prevê, em seu artigo 43, os seguintes instrumentos para garantir a sua efetivação: I) órgãos colegiados de política urbana, nos níveis nacional, estadual e municipal; II) debates, audiências e consultas públicas; III) conferências sobre assuntos de interesse urbano, nos níveis nacional, estadual e municipal; IV) iniciativa popular de projeto de lei e de planos, programas e projetos de desenvolvimento urbano. A participação popular constitui um princípio tanto do direito urbanístico quanto do direito ambiental.

Carlos Ari Sundfeld destaca que essa participação popular é o antídoto contra o isolamento estatal no campo do urbanismo e condição necessária para uma democracia não meramente formal. Os cidadãos, conscientes que a cidade pertence à coletividade, ou seja, é coisa pública, devem estar atentos, fiscalizando eventuais irregularidades e construindo novos programas e projetos.

Lefebvre denuncia o caráter desértico e abandonado das periferias urbanas, que expõe a segregação impulsionada pelas relações de classe incompatíveis com o ideal urbano. Aos pobres, só é permitido fixar residência nos locais mais afastados da cidade, longe dos serviços públicos essenciais e da elite, que não quer ter contato com as classes operárias. A disputa pelo uso do espaço urbano é questão central para garantir a prevalência do interesse público propriamente dito, em contraposição aos interesses das elites.

A propriedade urbana não pode permanecer sendo vista como um estoque de riqueza ou investimento, o que aumenta demasiadamente o preço das moradias e, consequentemente, dificulta o acesso a elas. Destarte, as cidades devem, em parceria com o governo nacional, criar políticas públicas para provisão da moradia, não atribuir essa responsabilidade apenas ao mercado e regular a distribuição do espaço urbano. Para atingir tal objetivo, o Estatuto da Cidade apresenta um instrumento legal para efetivar o ideal de cidade sustentável: o plano diretor, instrumento básico da política de desenvolvimento e expansão urbana que deve assegurar a justiça social e propiciar o desenvolvimento das atividades econômicas.

O plano diretor, segundo lição de Daniela Libório, "deve ser a grande referência de padrões e metas, estabelecendo proibições, mostrando tendências, obrigando certas condutas, enfim, consagrando os valores locais para que se alcance a qualidade de vida urbana". A participação da população na formulação do plano, exigência legal, é essencial para construção de um documento que seja adequado à cidade, pois cada um deve ser único, a fim de atender às configurações específicas de cada local e, posteriormente, fiscalizar o seu cumprimento.

Tornar as cidades sustentáveis demandará um esforço conjunto dos governos e da população. Todos deverão agir em várias frentes, associando conhecimentos sociais, históricos e científicos, para cobrir as diversas variáveis que condicionam o desenvolvimento sustentável.

1.3 Direito fundamental à moradia

O direito à moradia é uma necessidade básica do ser humano e imprescindível para uma vida digna. A sua ausência dificulta, e, não raro, impossibilita, o gozo de vários direitos humanos.

Essa não é uma característica privativa do direito humano à moradia. Flávia Piovesan explica que: "Em suma, todos os direitos humanos constituem um complexo integral, único e indivisível, no qual os diferentes direitos estão necessariamente inter-relacionados e são interdependentes entre si". Esta concepção também está presente nos instrumentos internacionais de proteção aos direitos humanos, como na Declaração sobre o Direito ao Desenvolvimento, adotada pela Resolução nº 41/128, da Assembleia Geral das Nações Unidas, de 4 de dezembro de 1986.

No caso do direito à moradia, essa interdependência fica ainda mais evidente. A falta de um lugar para morar prejudica o acesso a políticas públicas, a inserção no mercado de trabalho e a obtenção de crédito. Com efeito, o cidadão não terá mais ou menos direitos, caso não tenha uma moradia adequada, mas exercê-los em sua plenitude ficará inviável.

O direito à moradia não pode ser compreendido apenas como um direito a viver em um local com quatro paredes e um teto. O seu conteúdo vai muito além da questão patrimonial, englobando vários aspectos, tangíveis e intangíveis, que possibilitam o exercício pleno dos direitos humanos e o respeito à dignidade da pessoa humana. Sobre a temática, José Afonso da Silva leciona que:

> O direito à moradia significa ocupar um lugar como residência; ocupar uma casa, apartamento etc., para nele habitar. No "morar" encontramos a ideia básica da habitualidade no permanecer ocupando uma edificação, o que sobressai com sua correlação com o residir e o habitar com a mesma conotação de permanecer ocupando um lugar permanentemente. O direito à moradia não é necessariamente o direito à casa própria. Quer se garanta um teto onde se abrigue com a família de modo permanente, segundo a própria etimologia do verbo morar, do latim *"morari"*, que significa demorar, ficar.

Essa noção de que o conteúdo do direito à moradia é complexo e composto por múltiplas variáveis já está consolidada nas normas internacionais de direitos humanos. O parágrafo 7º do Comentário Geral nº 4 do Comitê de Direitos Econômicos, Sociais e Culturais da ONU é claro ao afirmar que o direito à moradia não deve ser interpretado de maneira restritiva, o que poderia equipará-la a simples disponibilização de um teto sobre a cabeça do cidadão ou a um produto a ser comercializado. O direito à moradia deve ser visto como um direito inerente a todas as pessoas, independentemente da sua condição econômica, a morar em um local seguro, pacífico e digno.

O parágrafo 8º do referido Comentário Geral destaca que o conceito de moradia adequada pode variar de acordo com as características sociais, econômicas, climáticas, ecológicas, mas elenca alguns fatores básicos a serem considerados em qualquer contexto.

O primeiro ponto é a segurança jurídica da posse. Independentemente da natureza ou origem da posse, seja através de financiamento, aluguel, copropriedade, abrigos públicos, toda pessoa tem direito a ter a sua posse protegida contra despejos forçados e outras ameaças. Os custos financeiros associados à moradia também não podem atingir um nível que prejudique a satisfação de outras necessidades básicas. Os Estados devem garantir a acessibilidade econômica da moradia entre os diferentes níveis econômicos da população, bem como oferecer subsídios àquelas pessoas mais humildes e proteger os locadores de aumentos abusivos.

A localização da moradia é outro fator a ser considerado. Ela precisa permitir o acesso a oportunidades de trabalho, escolas, serviços de saúde e outras políticas sociais. Essa diretriz deve ser observada no meio urbano e rural, onde o dinheiro e o tempo despendidos para se deslocar para acessar os serviços mais básicos podem ser demasiadamente penosos para as populações mais humildes. As moradias também não podem ficar em áreas poluídas que ameaçam a saúde dos habitantes.

Uma habitação digna deverá contar com serviços e infraestrutura disponíveis nos seus entornos, para sua saúde e segurança, bem como prover a seus moradores, espaço e proteção adequados contra o frio, o calor, a chuva, o vento, e contra riscos provenientes de problemas estruturais e agentes causadores de doenças e outras ameaças para a saúde.

O Comentário Geral ainda destaca que as moradias devem ser adequadas conforme a cultura da localidade, o modo de construção e os materiais utilizados. Também as políticas públicas para habitação devem permitir a expressão da identidade e diversidade cultural da população. Por fim, grupos socialmente vulneráveis (idosos, crianças, pessoas com deficiências, moradores de áreas propensas a desastres naturais) devem ter o seu direito à moradia protegido pelo Estado, a partir de medidas que assegurem o seu acesso e proteção.

Os aspectos essenciais à moradia não compreendidos na edificação correspondem ao que Le Corbusier denomina de "prolongamentos da morada", elementos/serviços complementares que fazem parte da vida cotidiana e devem estar facilmente acessíveis. Letícia Marques Osório, ao discorrer sobre a relação do direito à moradia e os direitos humanos, reforça a ideia de que o direito à moradia deve ser interpretado de maneira ampla e sua importância para o bem-estar das pessoas:

> No caso do direito à moradia, ele deve ser considerado mais que apenas uma reivindicação justa de que todos tenham um lugar onde viver. Ele deve ser concebido como uma condição necessária para se alcançar um padrão de vida adequado, o qual pode ser realizado por meio de arranjos sociais que incluam determinadas ações de promoção do direito à moradia e a não interferência na realização deste.

Portanto, o direito à moradia tem que ser compreendido como o direito à moradia adequada, e este só poderá ser alcançado mediante a garantia de uma infraestrutura básica e uma proteção jurídica eficaz que torne possível o atendimento das necessidades básicas dos cidadãos, tais como lazer, transporte, trabalho e saúde, aspectos essenciais para a concreção do Princípio da Dignidade da Pessoa Humana.

O Brasil, não obstante o desenvolvimento econômico e social alcançado nas últimas décadas, ainda convive com uma grande desigualdade na distribuição e sérios problemas sociais. Um dos grandes desafios do país, cada vez mais urbano, é conferir efetividade à Constituição Federal e combater a crise habitacional.

O Artigo 23, IX, da Constituição estabelece que é da competência comum da União, dos Estados, do Distrito Federal e dos Municípios, "promover programas de construção de moradias e a melhoria das condições habitacionais e de saneamento básico". Sobre o referido dispositivo, Luciano Mariz Maia comenta que:

> Esse dever de construir moradias certamente decorre de ter o Estado brasileiro, como fundamentos, "a dignidade da pessoa humana" (CF, art. 2º, III), e como objetivo "construir uma sociedade justa e solidária", "erradicar a pobreza" e "promover o bem de todos" (CF, art. 3º, incs. I e III). Dito de outro modo, e mais específico, pela primeira vez a Constituição previu critérios para uma política urbana, a qual, segundo o artigo 182, objetiva ordenar o pleno desenvolvimento "das funções sociais da cidade e garantir o bem estar dos seus habitantes".

O texto originário da Constituição não previa expressamente o direito à moradia, mas a doutrina e a jurisprudência já entendiam que ele estava implicitamente inserido em função dos artigos supracitados e o teor do artigo 7º, inciso IV, que definiu o salário mínimo como aquele capaz de atender às necessidades básicas do trabalhador e da sua família, dentre elas, a moradia.

A Emenda Constitucional nº 26/2000 incluiu a moradia no rol de direitos sociais elencados no artigo 6º da Constituição Federal, que passou a ter a seguinte redação: "São direitos sociais a educação, a saúde, a alimentação, o trabalho, *a moradia,* o lazer, a segurança, a previdência social, a proteção à maternidade e à infância, a assistência aos desamparados, na forma desta Constituição".

Mesmo que a previsão constitucional supra não diga textualmente que o direito social à moradia seja um direito fundamental, a doutrina não hesita em classificá-lo como tal. Direitos fundamentais, numa concepção formal descrita por Robert Alexy, "são posições que são tão importantes que a decisão sobre garanti-las ou não garanti-las não pode ser simplesmente deixada para a maioria parlamentar simples". Contudo, o termo merece uma definição mais ampla que não fique adstrita à literalidade do texto. Ingo Sarlet, em definição mais abrangente, assevera:

> Importa considerar, ainda, que uma conceituação de cunho genérico e universal somente parece viável, à medida que propositalmente aberta, de modo a permitir a sua permanente adaptação à luz do direito constitucional positivo. (...) Direitos fundamentais são, portanto, todas aquelas posições jurídicas concernentes às pessoas, que, do ponto de vista do direito constitucional positivo, foram, por seu conteúdo e importância (fundamentalidade em sentido material), integradas ao texto da Constituição e, portanto, retiradas da esfera de disponibilidade dos poderes constituídos (fundamentalidade formal), bem como as que, por seu conteúdo e significado, possam lhes ser equiparados, agregando-se à Constituição material, tendo, ou não assento na Constituição formal (aqui considerada a abertura material do Catálogo).

O Direito à moradia atende os dois critérios (formal e material), por estar localizado no Título II da Constituição "Dos Direitos e Garantias Fundamentais", bem como por sua indissociável vinculação à dignidade da pessoa humana. Não há como conceber o Estado Social de Direito sem a garantia dos direitos sociais, pois estes, além de pré-requisitos para exercício das liberdades individuais, são necessários para conferir ampla coesão e justiça social, evitando a formação de uma sociedade desigual, que por sua vez contraria este modelo de Estado e os princípios democráticos.

Por conta dessas conexões entre o direito fundamental à moradia e o exercício das liberdades e a dignidade da pessoa humana, podemos considerá-lo também como parte integrante do mínimo existencial.

Ricardo Lobo, em estudo pioneiro no Brasil sobre a temática, defendeu a existência de um direito às condições mínimas de existência humana digna e demandariam uma atuação negativa do Estado (não intervenção) e uma dimensão prestativa do Estado, que deve agir para promover esse direito. O mínimo existencial, na sua concepção, teria como base o respeito à dignidade humana, o exercício da liberdade, a felicidade e a proteção contra a pobreza absoluta, apoiada no princípio da igualdade, contra a desigualdade social.

O Direito à moradia deve ser considerado como um bem primário, ou seja, estar entre os bens "essenciais para que as pessoas exerçam o seu projeto racional de vida". Seu status de integrante do conceito de mínimo existencial não há de ser contestado. Todavia, os debates sobre as consequências de tal posicionamento, que poderiam obrigar, ou não, o Estado a ofertar esse direito básico como um direito subjetivo à população, e sobre como o Poder Judiciário pode forçá-lo a fazer isso, ou se precisa se abster e não interferir nesse mérito, ainda é uma questão controvertida. Certo é que o Poder Público não pode ignorar o anseio da população em ter casa própria para abrigar sua família. Ao contrário, deve, desde logo, procurar meios de progressivamente garantir esse direito básico à população.

1.4 Proteção ao direito à moradia no cenário internacional

O direito à moradia goza de ampla proteção internacional, sendo reconhecido em diversos tratados internacionais, comentários gerais e observações finais de organismos internacionais de direitos humanos. A Declaração Universal dos Direitos Humanos já incorporava a habitação ao rol de direitos inerentes a todo ser humano:

> Artigo XXV
> 1. Todo ser humano tem direito a um padrão de vida capaz de assegurar-lhe, e a sua família, saúde e bem-estar, inclusive alimentação, vestuário, *habitação*, cuidados médicos e os serviços sociais indispensáveis, e direito à segurança em caso de desemprego, doença, invalidez, viuvez, velhice ou outros casos de perda dos meios de subsistência em circunstâncias fora de seu controle.

O Pacto Internacional sobre os Direitos Econômicos, Sociais e Culturais, de 1966, foi um marco de grande importância para o reconhecimento do direito à moradia. Raquel Rolnik, relatora especial da Organização das Nações Unidas para o direito à moradia entre 2008 e 2014, aponta que foi a partir deste momento que uma série de novos direitos começaram a ser incluídos no campo dos direitos humanos, rompendo com a ideia de que estes se restringiam aos aspectos civis e políticos.

O referido documento internacional inova ao utilizar a expressão "moradia adequada" e também destaca a responsabilidade dos Estados para a efetivação dos direitos previstos no pacto:

> Artigo 2º §1
> Cada Estado Membro no presente Pacto compromete-se a adotar medidas, tanto por esforço próprio como pela assistência e cooperação internacionais, principalmente nos planos econômico e técnico, até o máximo de seus recursos disponíveis, que visem a assegurar, progressivamente, por todos os meios apropriados, o pleno exercício dos direitos reconhecidos no presente Pacto, incluindo, em particular, a adoção de medidas legislativas.
> (...)
> Artigo 11 §1
> Os Estados-partes no presente Pacto reconhecem o direito de toda pessoa a um nível de vida adequado para si próprio e para sua família, inclusive à alimentação, vestimenta e *moradia adequadas*, assim como uma melhoria contínua de suas condições de vida. Os Estados-partes tomarão medidas apropriadas para assegurar a consecução desse direito, reconhecendo, nesse sentido, a importância essencial da cooperação internacional fundada no livre consentimento.

Os Comentários Gerais do Comitê de Direitos Econômicos, Sociais e Culturais da ONU constituem importantes fontes para elucidar o alcance do direito à moradia. O Comentário Geral nº 4, supracitado, elenca quais são os elementos mínimos de uma moradia adequada. O Comentário Geral nº 7, por sua vez, repudia a prática de despejos forçados, classificando-os como uma grave violação aos direitos humanos.

Na Conferência das Nações Unidas sobre o Meio Ambiente e o Desenvolvimento de 1992 (mais conhecida como Rio-92), os 179 países participantes assinaram a Agenda 21 Global, um plano de ações para a melhoria das condições sociais e ambientais do planeta. O seu ponto 7.6 afirma que: "O acesso à habitação segura e saudável é essencial para o bem-estar físico, psicológico, social e econômico das pessoas, devendo ser parte fundamental das atividades nacionais e internacionais".

Outros documentos internacionais que ampliam a proteção ao direito à moradia são: a Declaração ao Desenvolvimento, de 1986; a Convenção sobre os Direitos das Crianças, de 1989; e a Agenda Habitat da Conferência das Nações Unidas sobre assentamentos humanos, de 1996.

Em 2015, as Nações Unidas publicaram "A Agenda 2030 para o Desenvolvimento Sustentável", contendo 17 objetivos do desenvolvimento sustentável para concretização dos direitos humanos de forma harmônica com os vetores sociais, econômicos e ambientais. Novamente, a questão urbana/habitação foi apontada como peça chave para o futuro do planeta, e coloca como o seu 11º objetivo: "Tornar as cidades e os assentamentos humanos inclusivos, seguros, resilientes e sustentáveis", atrelado à meta de, "até 2030, garantir o acesso de todos à habitação segura, adequada e a preço acessível, e aos serviços básicos e urbanizar as favelas". Para Neri *et al*, o referido objetivo

> [...] foi estruturado com o escopo de tornar as cidades e os assentamentos humanos espaços de inclusão e de sustentabilidade, por meio do aumento, do fortalecimento e do planejamento de ambientes urbanos participativos e sustentáveis, capazes de reduzir os impactos ambientais e salvaguardar os patrimônios culturais e históricos da humanidade.

A Terceira Conferência das Nações Unidas sobre Moradia e Desenvolvimento Urbano Sustentável, HABITAT III, realizada no ano seguinte em Quito – Equador, debateu o futuro das políticas urbanas e da moradia, para pensar um modelo de desenvolvimento para as cidades que reduzisse a pobreza e superasse os vários desafios que acompanham o processo de urbanização. A nova agenda urbana aprovada no evento destaca a necessidade de conferir função social à propriedade de forma a, progressivamente, garantir o direito à moradia adequada, que deve ser acessível a todos com uma infraestrutura básica que inclui fonte de água potável, saneamento básico, postos de saúde, educação, cultura e tecnologias de comunicação. O documento também conclama os governantes a focarem suas políticas habitacionais nos grupos mais vulneráveis, em especial: mulheres, crianças, idosos, pessoas com deficiência, imigrantes e membros de comunidades tradicionais, rompendo qualquer barreira institucional, socioeconômica ou física.

1.5 Déficit habitacional brasileiro

O Brasil sempre conviveu com problemas habitacionais. Segundo Luiz Cláudio Romanelli, o problema da habitação começou a ser sentido pelo Estado no final do período imperial, com o processo de abolição da escravatura. Anteriormente, a temática habitacional era meramente privada, uma vez que os proprietários de escravos se responsabilizavam por "acomodá-los" em abrigos coletivos. Com a abolição, os escravos passaram a procurar uma habitação própria, individual, nas vilas e cidades que não tinham qualquer estrutura para atender à demanda. Raquel Rolnik também discorre sobre a influência das novas relações de trabalho para a segregação urbana:

> Se na relação mestre/aprendiz ou senhor/escravo a convivência é um elemento essencial, na relação patrão empregado esta é definida pelo salário. Com ele, o trabalhador paga seu sustento – seu teto, sua comida. Esta é a condição para que seu espaço se separe fisicamente do território do patrão. Isto se dá porque se rompe um vínculo e porque cada qual comprará no mercado imobiliário a localização que for possível com a quantidade de moeda que possuir.

Desta forma, as áreas destinadas à habitação ficam homogêneas com uma reduzida diversidade social, os ricos se concentram nas melhores regiões onde também estão os melhores equipamentos urbanos, enquanto a população pobre é deslocada gradativamente para as periferias, longe dos serviços públicos e dos postos de trabalho. Essa homogeneidade é prejudicial em vários aspectos, além de contrariar a ideia de cidade plural e democrática com a coexistência de diversos grupos.

As primeiras intervenções estatais para combater o déficit habitacional surgiram no governo de Getúlio Vargas, com a criação dos Institutos de Aposentadorias e Pensões (IAPs) dentro do sistema de previdência social pelo Decreto-Lei nº 4.508, editado em 1942. As políticas habitacionais adotadas pelos governos seguintes, como o Banco Nacional de Habitação, o Sistema Financeiro de Habitação e o Programa Minha Casa Minha Vida, criado em 2009 e que veio a se transformar na principal política habitacional nacional, foram todas incapazes de solucionar a crise habitacional.

O Programa Minha Casa Minha Vida já entregou mais de 2,6 milhões de moradias, um número expressivo, mas ainda longe de suprir totalmente a demanda habitacional. O modelo proposto, calcado em subsídios e oferta de linhas de financiamento via mercado e crédito hipotecário, possibilitou tal feito, todavia, as construtoras foram as grandes ganhadoras com a injeção de recursos, quando o setor passava por um período de incertezas após a crise americana de 2008. Raquel Rolnik censura esse aspecto mercadológico/financeiro que pode destoar da ideia do Estado como principal responsável por promover o acesso ao direito à moradia:

> O programa é representativo de padrões específicos de articulação entre agentes públicos e privados no capitalismo brasileiro. Se por um lado, foi desenhado para incentivar empresas privadas a se comprometerem com a produção de habitação para moradores de baixa renda, por outro, permaneceu altamente dependente de recursos públicos, mobilizados para subsidiar a aquisição de propriedade por compradores de baixa e média rendas. Esse arranjo financeiro ambivalente implica a transferência de riscos para as instituições públicas, ao mesmo tempo que mantém os lucros – geralmente aumentados por subsídios indiretos – com agentes privados, reiterando padrões históricos de apropriação de fundos públicos por atores privados no país.

O programa é passível de várias outras críticas. Raquel Rolnik ainda levanta outros questionamentos, relativos: à possibilidade de adoção de práticas eleitoreiras pelos gestores municipais com a oferta de casas; à adoção de um modelo único de promoção da casa própria, abrindo mão de estratégias diversificadas que poderiam ser mais adequadas para as especificidades de cada localidade; à padronização dos imóveis em contraste com a variedade de arranjos familiares; à impulsão do espraiamento urbano, contribuindo para a separação entre regiões de moradores pobres e ricos.

Outro aspecto preocupante é a qualidade das construções dos empreendimentos habitacionais do programa. Essa crítica não se limita às falhas estruturais das casas, como rachaduras e infiltrações, reclamações rotineiras dos beneficiários, mas tem como alvo principal a ausência de estrutura urbanística nos entornos dessas novas casas. As construtoras só estão preocupadas em construir as casas, com o menor custo possível, cumprir seus contratos e contabilizar os lucros. Não há uma preocupação em prover as novas localidades (muitos empreendimentos localizam-se em zonas afastadas, onde o preço da terra é bem menor) com equipamentos urbanos, nem existe, muitas vezes, uma ação conjunta eficaz com o Poder Público para suprir essa falta. Resultado: grandes condomínios, com milhares de moradores, sem linhas de ônibus, escolas, creches, postos de saúde, posto policial, espaços de recreação para suprir as necessidades básicas da população. O Tribunal de Contas da União (2013), no relatório de auditoria operacional no Programa Minha Casa Minha Vida, constatou várias falhas a serem corrigidas, inclusive essa situação de habitações isoladas sem qualquer infraestrutura complementar:

> 286. Outra situação que compromete a efetividade do programa, constatada pela auditoria e alvo de críticas de renomados especialistas na área, diz respeito à localização dos empreendimentos. Grande parte deles é construída em áreas periféricas, dentro de zonas urbanas não consolidadas e pouco conectadas à malha urbana. Empreendimentos que equivalem a verdadeiros bairros e até minicidades, alguns com mais de 10 mil moradores, carecem de obras de infraestrutura viária, de acesso a transporte público, de equipamentos públicos de saúde e educação e de espaços de lazer.

O principal programa habitacional do país não pode se transformar, única e exclusivamente, em vetor para impulsionar o setor da construção civil do país. A questão urbanística não pode ser ignorada. As habitações estéreis devem ser desconsideradas em favor de um projeto complexo que faça jus ao conceito amplo de moradia exposto nos pontos anteriores. Não há como separar a construção de moradias de princípios urbanísticos basilares. Para além das estatísticas, a questão qualitativa tem que ser valorizada.

Outra preocupação é o deslocamento do foco do programa para beneficiar pessoas inseridas em faixas de renda mais elevadas, sem conferir a devida atenção àqueles que estão na chamada "faixa 1", com renda familiar de até R$1.800,00. Para esta faixa serão destinadas 170 mil unidades habitacionais, enquanto as faixas 2 e 3, com renda familiar máxima de R$4.000,00 e R$9.000,00, respectivamente, serão contempladas com 400 mil unidades habitacionais. A seguir, essa tendência ficará ainda mais difícil, principalmente se o programa se mantiver como estratégia central de combate ao déficit habitacional. Por consequência, reduzir a carência de moradias para população mais humilde, portanto necessitada de assistência governamental, será inviável.

O relatório elaborado pela Fundação João Pinheiro sobre o déficit habitacional brasileiro utilizou quatro elementos para auferir a dimensão do problema, a fim de descobrir quantos imóveis precisam ser reformadas ou construídas para superar a crise habitacional: I) Precariedade estrutural; II) Coabitação familiar forçada; III) Ônus excessivo com aluguel urbano; IV) Adensamento excessivo de moradores. Quando um desses elementos for identificado no imóvel observado, faz-se necessário a criação uma nova unidade habitacional.

São consideradas habitações precárias os domicílios rústicos e os improvisados. Os domicílios rústicos são aqueles sem paredes de alvenaria ou madeira aparelhada que, por suas falhas estruturais, oferecem condições insalubres aos moradores, provocando desconforto e deixando os moradores vulneráveis à contaminação por doenças. Os domicílios improvisados, por sua vez, estão localizados em uma edificação que não contém dependências destinadas exclusivamente à moradia, como bares, barracas, lojas e estabelecimentos comerciais.

Os dados do IBGE apontam que existem 883.777 habitações precárias, sendo que a maioria, 509.418, está na zona rural, e os demais 374.359 estão nos centros urbanos. As regiões Norte e Nordeste concentram a maior parte desses domicílios, sendo que o estado do Maranhão, sozinho, possui 272 mil habitações precárias, o que corresponde a 31% do total nacional.

A coabitação familiar forçada verifica-se nos domicílios que possuem dois ou mais núcleos familiares convivendo sob o mesmo teto, haja vista a impossibilidade financeira de cada um deles ter o seu próprio lugar. Via de regra, as famílias secundárias são constituídas por, no mínimo, duas pessoas ligadas por laço de parentesco, dependência doméstica ou normas de convivência, e residem com outra família denominada principal. As famílias residentes em cômodos foram incluídas no déficit habitacional, porque esse tipo de moradia mascara a situação real de coabitação, uma vez que os domicílios são formalmente distintos, quando, de fato, vivem em cômodos compostos por um ou mais aposentos localizados noutro domicílio particular.

No Brasil existem 1,694 milhão de famílias conviventes, a maioria está concentrada nas regiões Nordeste e Sudeste, com 627.700 e 656.714 famílias, respectivamente. Contudo, a região Norte é a que conta com a maior proporção de famílias conviventes, se destacando em relação às demais regiões, com 5,0%, dos domicílios nesta realidade, enquanto o Sudeste e o Sul possuem os menores percentuais, 2,1% e 1,7%, respectivamente.

O ônus excessivo com aluguel urbano é analisado somente nos domicílios urbanos, e ficará caracterizado quando famílias com renda de até três salários mínimos, que moram em casa ou apartamento, despendem 30% ou mais de sua renda com o aluguel. O critério está em consonância com o parágrafo 8º do Comentário Geral nº 4 do Comitê de Direitos Econômicos, Sociais e Culturais da ONU, que prevê a acessibilidade econômica como elemento essencial para moradia adequada. O percentual de 30% corresponde ao limite máximo na formulação do contrato de financiamento habitacional na Caixa Econômica Federal. Países europeus, principalmente Portugal, também adotaram esse patamar para evitar a formação de "bolhas imobiliárias" e o endividamento da população.

Este é o critério que causa o maior impacto no cálculo do déficit habitacional, atingindo 2,310 milhões de famílias em todo o país, a sua maioria concentrada nas regiões metropolitanas, das regiões Sul e Sudeste, e do Distrito Federal.

Por fim, o adensamento excessivo de moradores em domicílios alugados, critério que até 2007 só fazia parte dos estudos de inadequação do domicílio, mas foi integrado a esta análise para considerar como déficit habitacional os casos em que o inquilino não tem condições de se mudar para uma casa ou apartamento maior para comportar o crescimento da sua família. Pode-se dizer que ele está relacionado à vedação do ônus excessivo do aluguel. Haverá adensamento excessivo quando o número médio de moradores no domicílio for superior a três por dormitório. Este critério tem a menor representatividade entre os vetores do déficit habitacional, mesmo assim, há 370.686 domicílios nesta situação.

No total, o déficit habitacional estimado corresponde a 5,430 milhões de domicílios, isso significa que 8,5% do total de domicílios no Brasil apresenta algum elemento para justificar a necessidade de reforma ou construção de uma nova moradia. O expressivo número evidencia o longo caminho que o país tem para superar a crise habitacional.

O ônus excessivo com aluguel é o principal responsável pelo déficit habitacional, que responde por 42,5% do total do déficit habitacional. Em seguida, vem a coabitação familiar, que representa 34,4%; as habitações precárias correspondem a 16,3%; e, por fim, o adensamento excessivo dos domicílios alugados, correspondente a 6,8%. No ano de 2007, a realidade era diversa, quem liderava era a coabitação familiar, com 42,4%. Em apenas cinco anos, essa proporção caiu oito pontos percentuais, enquanto o ônus excessivo com aluguel seguiu um padrão constante de crescimento, passando a se destacar.

Para as políticas habitacionais surtirem efeito, é essencial que o governo não generalize suas propostas e tenha em mente que cada localidade tem diferentes demandas por moradia. No Amazonas, por exemplo, as porcentagens de participação dos componentes no déficit habitacional são: 66,9% de habitação precária; 21,2% de coabitação familiar; 9,3% de ônus excessivo aluguel; 2,6% por adensamento excessivo. Já o estado do Espírito Santo apresenta uma dinâmica totalmente diferente, com 1,4%; 34%; 62,4% e 2,1%, respectivamente.

Em relação à divisão do déficit habitacional relativo aos domicílios entre os meios urbano e rural, também é possível constatar disparidades entre diferentes estados da federação: no Pará, há 11,4% de déficit habitacional no meio urbano e 13,3% no rural; Santa Catarina, todavia, conta com 6,7% e 2,2%, respectivamente.

O relatório da Fundação João Pinheiro sobre o déficit habitacional também inclui dados sobre a inadequação dos domicílios urbanos. Os dados referem-se somente àquelas habitações que não foram consideradas deficitárias, ou seja, sem precariedade estrutural, coabitação familiar forçada, ônus excessivo com aluguel urbano ou adensamento excessivo de moradores.

Os domicílios eram classificados como inadequados caso fosse constatado ao menos um dos seguintes fatos: inadequação fundiária, carência de infraestrutura, ausência de banheiro de uso exclusivo, cobertura inadequada e adensamento excessivo dos domicílios próprios.

Inadequação fundiária refere-se aos casos em que pelo menos um dos moradores do domicílio tem a propriedade da moradia, mas não, total ou parcialmente, a propriedade do terreno ou da fração ideal de terreno onde habita. Neste aspecto, a média nacional foi de 3,7% dos domicílios com problemas fundiários.

O quesito ausência de banheiro exclusivo no domicílio chega apenas a 0,5% dos domicílios. Quanto à cobertura inadequada corresponde aos domicílios com paredes de alvenaria ou madeira aparelhada e cobertura de zinco, palha, sapê, madeira aproveitada ou outro material que não seja telha, laje de concreto ou madeira aparelhada, só 1,5% dos domicílios não atendem a essa exigência.

A carência de infraestrutura compreende os domicílios que não dispõem de, ao menos, um dos seguintes serviços básicos: iluminação elétrica, rede geral de abastecimento de água com canalização interna, rede geral de esgotamento sanitário ou fossa séptica e coleta de lixo. Esta é a categoria que atinge o maior número de domicílios, com 18,7%. O adensamento excessivo em domicílios próprios (mais de três pessoas em média por cômodo) afeta 1,9% dos domicílios.

Ao final, dos 55,106 milhões de domicílios urbanos brasileiros, somente 41,246 milhões (74,8%) são considerados moradias adequadas. Desta forma, pode-se afirmar que mais de 13 milhões de domicílios não oferecem aos seus moradores o direito pleno à moradia. Domicílios sem esgoto, luz elétrica, documentos que assegurem a proteção jurídica da propriedade não oferecem as condições para o exercício pleno da cidadania.

Ao garantir uma moradia digna, o Estado também estará protegendo a dignidade da população, por isso os governos devem ter como uma de suas prioridades a concessão e a proteção de moradias adequadas a todos. Registre-se que os critérios adotados pelo relatório da Fundação João Pinheiro ainda não abrangem todos os fatores básicos mencionados no parágrafo 8º, do Comentário Geral nº 4, do Comitê de Direitos Econômicos, Sociais e Culturais da ONU. O direito à moradia digna só estará completo quando forem garantidos também a acessibilidade, o acesso à saúde e à educação próximos ao domicílio e a segurança.

Infelizmente, uma parcela significativa da população não tem acesso sequer a uma "moradia inadequada". As pessoas em situação de rua são extremamente vulneráveis à violência, a oscilações no clima, a doenças, além de lhes ser dificultado o exercício de diversos direitos inerentes a todo cidadão. Como os moradores de rua não foram incluídos no último censo do IBGE, não há como precisar quantos estão nesta situação. Contudo, o Ministério do Desenvolvimento Social e Agrário está empenhado em buscar mais dados sobre esta parcela da população quase invisível para a sociedade, a fim de direcionar futuras políticas públicas.

Em 2008 foi divulgado o resultado da Pesquisa Nacional sobre a População em Situação de Rua, conduzida pelo referido Ministério em 71 cidades do país. Foi constatado que a proporção média de moradores de rua para a população era de seis a cada dez mil habitantes. Também foram constatados diversos problemas sofridos cotidianamente por eles, como repressão policial e discriminação, por exemplo.

Diante desse cenário alarmante de déficit habitacional, evidencia-se que o país ainda tem um longo caminho a percorrer para garantir o direito fundamental à moradia, consolidado na Constituição de 1988, mas que ainda representa um sonho distante para milhares de brasileiros. Contornar essa realidade exige, segundo Ermínia Maricato, a superação de dois grandes obstáculos, quais sejam: a terra urbanizada e o financiamento. O mercado privado não trará a solução para a problemática, nem podemos acreditar que ela terá como prioridade o bem-estar da população. Imprescindível, portanto, que o Poder Público se articule em várias frentes para combater a crise habitacional, com vistas a se aproximar do ideal de constituir uma sociedade justa e livre de desigualdades.

A existência de vários assentamentos irregulares em Áreas de Preservação Permanente urbanas não surpreende, posto que a dinâmica do espaço urbano nas nossas cidades conduz a população a buscar essa saída. No próximo capítulo, estas áreas serão conceituadas, sua proteção legal analisada e seu papel na proteção ambiental será destacado, no intuito de fornecer subsídios ao leitor para melhor compreender a temática exposta neste livro.

CAPÍTULO 2

ÁREAS DE PRESERVAÇÃO PERMANENTE

A humanidade vem, de forma acelerada, degradando o meio ambiente, subjugando-o à condição de mera fonte de recursos, como se ele estivesse dentro da sua esfera de poder. A perspectiva para a saúde do planeta, mantida essa dinâmica, não é favorável, conforme alerta François Os: "Este ambiente cedo perderá toda a consistência ontológica, sendo desde logo reduzido a um simples reservatório de recursos, antes de se tornar em depósito de resíduos – em suma, o pátio das traseiras da nossa tecnosfera". A natureza não deve estar contida no âmbito de domínio do homem. Em vez disso, uma relação simbiótica deve prevalecer, tendo como balizas o reconhecimento da sua imprescindibilidade para a vida e a necessidade de conservá-la para as presentes e futuras gerações.

As consequências negativas da exploração agressiva da natureza já são visíveis. O aumento da temperatura no globo afeta diretamente as condições de vida nas cidades, que, por sua vez, são responsáveis pela emissão de 67% dos gases que contribuem para o efeito estufa. Esse incremento na temperatura constitui um sério risco para a sustentabilidade das cidades. Dados do Painel Brasileiro de Mudanças Climáticas revelam que, entre 2041-2070, mantendo a tendência de aquecimento, as temperaturas já elevadas do clima nordestino aumentarão entre 2 °C e 3 °C, e haverá uma diminuição da taxa pluviométrica entre 20% e 25%. Ao final do século, 2071-2100, estima-se um aquecimento ainda maior, entre 3 °C e 4 °C, além da diminuição de 30% a 35% das chuvas no Nordeste; a Amazônia, por sua vez, pode transformar-se em uma Savana, após incrementos de 5 °C a 6 °C na temperatura. Além das questões climáticas, a supressão da vegetação natural, a poluição do ar e a escassez de água preocupam a população.

As cidades, entretanto, também podem se transformar em vetores da conservação do meio ambiente e promoção de um mundo mais sustentável. Impedir que as cidades se transformem em grandes selvas de concreto e resguardar suas áreas verdes são pontos fundamentais. A gestão do uso do solo urbano deve priorizar a preservação de espaços verdes que podem, entre outros benefícios, ajudar a diminuir a temperatura local e prevenir a constituição de ilhas de calor. Nesse contexto, os espaços territoriais especialmente protegidos, previstos na legislação ambiental, detêm uma grande relevância para a manutenção do equilíbrio ecológico no espaço urbano.

Este capítulo abordará a importância das Áreas de Preservação Permanente urbanas para manutenção do equilíbrio ecológico nas cidades e o combate às consequências das ações antrópicas, bem como irá propor meios de melhorar e expandir sua proteção ao meio ambiente urbano.

2.1 Proteção constitucional ao meio ambiente

A Constituição Federal de 1988 conferiu ampla proteção ao meio ambiente, dedicando um capítulo para tratar exclusivamente sobre a matéria. Os textos constitucionais anteriores não apresentavam uma proteção específica e global, restringindo-se a tratar, de forma diluída, alguns elementos como água, florestas e minérios.

Principalmente após a Conferência de Estocolmo, de 1972, vários países passaram a incorporar a temática ambiental às suas constituições. A Constituição Portuguesa, de 1976, estabelece, em seu artigo 66, que: "Todos têm direito a um ambiente de vida humano, sadio e ecologicamente equilibrado e o dever de o defender". Em 1994, a Lei Fundamental Alemã foi alterada para inserir o artigo 20a: "Tendo em conta também a sua responsabilidade frente às gerações futuras, o Estado protege os recursos naturais vitais e os animais, dentro do âmbito da ordem constitucional, através da legislação e de acordo com a lei e o direito, por meio dos poderes executivo e judiciário". A Constituição do Equador de 2008 também merece destaque por ter incorporando uma visão biocêntrica, ao afirmar que a natureza, ou Pacho Mama, deve ser integralmente protegida para garantir a sua existência e a manutenção e regeneração dos seus ciclos vitais, além de conferir-lhe a condição de sujeito dos direitos a ela reconhecidos no texto constitucional.

Os dilemas ambientais enfrentados pela sociedade provocaram, segundo Michael Kloepfer, uma alteração na clássica teoria dos três elementos do Estado. Agora, para que o Estado seja "viável", ele precisa mais do que um povo, um poder e um território estatal; ele necessita, igualmente, de um meio ambiente que não ponha em risco a continuidade da sua existência. Portanto, além da proteção à natureza e da saúde humana, ações para preservar o meio ambiente, especialmente os recursos naturais, fazem parte da estratégica geopolítica dos Estados.

Diante desse quadro, nada mais lógico que a Constituição ter incluído como princípio geral da atividade econômica, a "defesa do meio ambiente, inclusive mediante tratamento diferenciado, conforme o impacto ambiental dos produtos e serviços, e de seus processos de elaboração e prestação".

A proteção ao meio ambiente possui um papel fundamental para dar forma às diretivas da Constituição que preveem um desenvolvimento nacional atrelado à preservação da natureza. Ao incluir a questão ambiental nos princípios da Ordem Econômica, foi instituído um sistema de freios e contrapesos que controla os impulsos do mercado para degradar o meio ambiente e retirar qualquer possibilidade de se atribuir caráter absoluto à livre iniciativa e à propriedade privada.

Pode-se afirmar que o inciso VI do artigo 170 da Constituição institui o desenvolvimento sustentável na ordem constitucional brasileira, além de conceder suporte para outras normas constitucionais e infraconstitucionais que visem a ampliar a proteção ao meio ambiente em detrimento da expansão ou permanência de atividades degradantes. Desse modo, a natureza se transforma em limite para o crescimento das atividades econômicas.

Todavia, indiscutivelmente, o eixo central da proteção constitucional ao meio ambiente está no *caput* do artigo 225: "Todos têm direito ao meio ambiente ecologicamente equilibrado, bem de uso comum do povo e essencial à sadia qualidade de vida, impondo-se ao Poder Público e à coletividade o dever de defendê-lo e preservá-lo para as presentes e futuras gerações". A natureza pertence a todos, mas a noção de "posse" não é a mais adequada, uma vez que temos o dever de preservá-la para as gerações seguintes (solidariedade intergeracional). Portanto, o termo "empréstimo" seria indicado. Não podemos usar livremente todos os recursos naturais, pois a natureza é a base material para a vida, e, com uma base defasada, não haverá perspectivas de vida saudável para as futuras gerações. O *caput* do artigo deixa clara, também, a relação intrínseca da proteção ao meio ambiente, com a garantia dos direitos humanos, uma vez que a natureza é base para a construção da vida e essencial para a saúde da população, como destacado no seguinte trecho do voto do Ministro do Supremo Tribunal Federal, Celso de Mello, no Mandado de Segurança nº 22.164/SP:

> O direito à integridade do meio ambiente – típico direito de terceira geração – constitui prerrogativa jurídica de titularidade coletiva, refletindo, dentro do processo de afirmação dos direitos humanos, a expressão significativa de um poder atribuído, não ao indivíduo identificado em sua singularidade, mas, num sentido verdadeiramente mais abrangente, à própria coletividade social. Enquanto os direitos de primeira geração (direitos civis e políticos) – que compreendem às liberdades clássicas, negativas ou formais – realçam o princípio da liberdade e os direitos de segunda geração (direitos econômicos, sociais e culturais) – que se identificam com as liberdades positivas, reais ou concretas – acentuam o princípio da igualdade, os direitos de terceira geração, que materializam poderes de titularidade coletiva atribuídos genericamente a todas as formações sociais, consagram o princípio da solidariedade e constituem um momento importante no processo de desenvolvimento, expansão e reconhecimento dos direitos humanos caracterizados enquanto valores fundamentais indisponíveis, pela nota de uma essencial inexauribilidade.

O meio ambiente como direito fundamental não é apenas um direito, mas também um dever, posto que impõe ao Estado e ao povo, a responsabilidade pela proteção ambiental compartilhada. Germana Belchior apresenta uma lista com algumas imposições direcionadas aos particulares, como: não degradação e uso racional de recursos naturais; corresponsabilidade financeira na conservação dos recursos naturais; uso de tecnologias, métodos, técnicas ou processos capazes de mitigar as ações degradantes no meio ambiente e denúncia/impedimento de que outros, até o próprio Estado, degradem a qualidade dos recursos naturais.

Todavia, o Estado deve ter papel central na preservação do meio ambiente, devendo colocar em prática diferentes políticas públicas, promover a educação ambiental e subsidiar a população com meios para não deixar qualquer área descoberta. Meio ambiente tem que ser prioridade, qualquer atividade pública deve contar com um olhar ambiental, sempre buscando a sustentabilidade das práticas, processos e obras.

A Constituição, visando a garantir a consecução de um meio ambiente ecologicamente equilibrado, atribui ao Estado alguns deveres específicos de que ele não pode se eximir. Um deles está no artigo 225,

§1º, III, da Constituição, que estabelece competir ao Poder Público a criação de espaços territoriais protegidos:

> §1º Para assegurar a efetividade desse direito, incumbe ao Poder Público:
> (...)
> definir, em todas as unidades da Federação, espaços territoriais e seus componentes a serem especialmente protegidos, sendo a alteração e a supressão permitidas somente através de lei, vedada qualquer utilização que comprometa a integridade dos atributos que justifiquem sua proteção.

Maria Luiza Machado Granziera aponta que vários fatos geradores podem ensejar a proteção de espaços, desde características físicas ou bióticas relevantes de uma determinada área, até a necessidade de manutenção da cobertura vegetal no país. O artigo 2º da Convenção sobre Diversidade Biológica, promulgada pelo Decreto nº 2.519 de 1998, define área protegida como "...uma área definida geograficamente que é regulamentada e administrada para alcançar fins específicos de conservação". A Política Nacional do Meio Ambiente, Lei nº 6.938/1981, também elenca a criação de espaços territoriais como um dos seus instrumentos: "a criação de espaços territoriais especialmente protegidos pelo Poder Público federal, estadual e municipal, tais como áreas de proteção ambiental, de relevante interesse ecológico e reservas extrativistas" (artigo 9º, VI).

No Brasil, as principais categorias de espaços territoriais especialmente protegidos são as Unidades de Conservação, as Áreas de Preservação Permanente e as Reservas Legais, mas existem outros de grande relevância. A título de exemplo, temos a Lei nº 11.428/06, que dispõe sobre o uso e proteção da Mata Atlântica e as áreas instituídas nos planos diretores municipais. Os regimes de proteção especiais conferidos a essas áreas são essenciais para mantê-los preservados e impedir o avanço de ações antrópicas degradantes.

2.2 Código florestal e a proteção legal das Áreas de Preservação Permanente

As Áreas de Preservação Permanente, conforme lição de Paulo Bessa Antunes, têm a sua gênese legal com as florestas protetoras previstas no Decreto nº 4.421, de 28 de dezembro de 1921, que criou o

Serviço Florestal do Brasil. Seu regime legal difere bastante do conteúdo do atual Código Florestal:

> Art. 2º Para os efeitos desta lei serão considerados florestas não só as áreas actualmente cobertas de vegetação de alto e médio porte, como tambem aquelas em que se pretenda desenvolver essa vegetação, para defesa de salubridade e aumento da riqueza pública.
> (...)
> Art. 4º O Governo expedirá regulamento para conservação, melhoramento, formação e guarda das florestas protectoras do dominio da União, observando as seguintes disposições:
> §1º Sómente em casos de grande vantagem para a riqueza publica será permittido, mediante licitação, o aproveitamento economico de productos dessas florestas, mas sempre com a obrigação de replantio.
> §2º Terão regulamento especial para sua conservação e reconstituição as florestas e terrenos de marinha, ribeirinhos e accrescidos.
> §3º Nos contractos de concessão de taes explorações será sempre incluida, a clausula de resgate da mesma por parte do Governo.

As florestas protetoras deveriam ser de domínio da União, os outros entes federados e particulares, caso preferissem instituí-las, deveriam requerer que elas fossem incluídas no regime de proteção especial. As finalidades das florestas protetoras eram similares às das atuais Áreas de Preservação Permanente; dentre elas, estavam: a proteção à higiene e à saúde pública; a garantia à pureza e à abundância dos mananciais aproveitáveis para alimentação; a proteção das águas correntes; o bloqueio dos efeitos danosos dos agentes atmosféricos e o auxílio na defesa das fronteiras.

O Código Florestal de 1934, por sua vez, estabeleceu que essas florestas constituem bem de interesse comum de todos os habitantes:

> Art. 1º As florestas existentes no território nacional, consideradas em conjuncto, constituem bem de interesse comum a todos os habitantes, do país, exercendo-se os direitos de propriedade com as limitações que as leis em geral, e especialmente este código, estabelecem.

Ele também afastou a necessidade de requerimento do proprietário para que a União reconhecesse a condição de floresta protetora a determinada área; para tanto, bastaria a representação do órgão competente ou do conselho florestal.

O Código Florestal de 1965, finalmente, instituiu as Áreas de Preservação Permanente. Sérgio Ahrens destaca que o seu projeto já instituía as normas, com base científica, levando em consideração as funções protetoras das florestas em terrenos declivosos, nas margens de cursos d'água, entre outras funções ecológicas. O Código Florestal de 1965, posteriormente, sofreu alterações legislativas que alargaram o seu âmbito de proteção, além da inclusão de um conceito legal. O Código Florestal vigente consolidou o instituto sem promover alterações significativas em relação ao texto que estava em vigor antes da sua edição, em 2012.

As Áreas de Preservação Permanente, conforme definição trazida no próprio Código Florestal (artigo 3º, inciso II), são espaços territoriais especialmente protegidos, que podem ser cobertos ou não por vegetação nativa, com a função ambiental de preservar os recursos hídricos, a paisagem, a estabilidade geológica e a biodiversidade, facilitar o fluxo gênico da fauna e da flora, proteger o solo e assegurar o bem-estar das populações humanas.

Américo Luís Martins da Silva assinala que, embora criadas com o objetivo de proteção aos recursos naturais e de manutenção da diversidade biológica, as Áreas de Preservação Permanente não são caracterizadas como Unidades de Conservação por não serem geridas pelo Poder Público sob o regime especial de administração.

As Áreas de Preservação Permanente exercem um papel fundamental na preservação do meio ambiente; entre os seus vários benefícios, podemos citar: a proteção aos corpos d'água, evitando enchentes, assoreamento dos rios, poluição das águas, impedindo, assim, comprometimento no abastecimento público de água, tanto em qualidade, quanto em quantidade; refúgio para a fauna e a flora; e atenuação de desequilíbrios climáticos.

O artigo 4º do Código Florestal elenca quais são as Áreas de Preservação Permanente por imposição legal. O rol extenso espelha a grande gama de funções ambientais que podem ser conferidas a elas:

> Art. 4º Considera-se Área de Preservação Permanente, em zonas rurais ou urbanas, para os efeitos desta Lei:
> I – as faixas marginais de qualquer curso d'água natural perene e intermitente, excluídos os efêmeros, desde a borda da calha do leito regular, em largura mínima de:
> a) 30 (trinta) metros, para os cursos d'água de menos de 10 (dez) metros de largura;
> b) 50 (cinquenta) metros, para os cursos d'água que tenham de 10 (dez) a 50 (cinquenta) metros de largura;

> c) 100 (cem) metros, para os cursos d'água que tenham de 50 (cinquenta) a 200 (duzentos) metros de largura;
> d) 200 (duzentos) metros, para os cursos d'água que tenham de 200 (duzentos) a 600 (seiscentos) metros de largura;
> e) 500 (quinhentos) metros, para os cursos d'água que tenham largura superior a 600 (seiscentos) metros;
> II – as áreas no entorno dos lagos e lagoas naturais, em faixa com largura mínima de:
> a) 100 (cem) metros, em zonas rurais, exceto para o corpo d'água com até 20 (vinte) hectares de superfície, cuja faixa marginal será de 50 (cinquenta) metros;
> b) 30 (trinta) metros, em zonas urbanas;
> III – as áreas no entorno dos reservatórios d'água artificiais, decorrentes de barramento ou represamento de cursos d'água naturais, na faixa definida na licença ambiental do empreendimento;
> IV – as áreas no entorno das nascentes e dos olhos d'água perenes, qualquer que seja sua situação topográfica, no raio mínimo de 50 (cinquenta) metros;
> V – as encostas ou partes destas com declividade superior a 45º, equivalente a 100% (cem por cento) na linha de maior declive;
> VI – as restingas, como fixadoras de dunas ou estabilizadoras de mangues;
> VII – os manguezais, em toda a sua extensão;
> VIII – as bordas dos tabuleiros ou chapadas, até a linha de ruptura do relevo, em faixa nunca inferior a 100 (cem) metros em projeções horizontais;
> IX – no topo de morros, montes, montanhas e serras, com altura mínima de 100 (cem) metros e inclinação média maior que 25º, as áreas delimitadas a partir da curva de nível correspondente a 2/3 (dois terços) da altura mínima da elevação sempre em relação à base, sendo esta definida pelo plano horizontal determinado por planície ou espelho d'água adjacente ou, nos relevos ondulados, pela cota do ponto de sela mais próximo da elevação;
> X – as áreas em altitude superior a 1.800 (mil e oitocentos) metros, qualquer que seja a vegetação;
> XI – em veredas, a faixa marginal, em projeção horizontal, com largura mínima de 50 (cinquenta) metros, a partir do espaço permanentemente brejoso e encharcado.

Importante frisar que as áreas descritas automaticamente constituem Áreas de Preservação Permanente, ou seja, não é necessário qualquer ato do Poder Executivo Federal, Estadual ou Municipal. Eventuais dúvidas serão relativas apenas à medição das metragens em cada local. Estas áreas, conforme lição de Luís Paulo Sirvinskas, são espécies de limitações administrativas criadas através de medidas unilaterais impositivas do Estado que condicionam e restringem o exercício do direito à propriedade para garantia do bem-estar social. O proprietário, seja ele pessoa física ou jurídica, de direito público ou privado, tem a obrigação negativa de não degradar a área protegida, bem como a obrigação positiva de recuperá-la, caso seja degradada, independentemente da existência de culpa.

O dever de recompor a vegetação suprimida tem natureza *propter rem*, obrigações que aderem à propriedade, sendo desnecessário observar se o proprietário foi ou não o autor da degradação ambiental. O Código Florestal é cristalino ao impor ao proprietário da área, possuidor ou ocupante a qualquer título, a recomposição da vegetação. Eles poderão, se for o caso, ingressar posteriormente com uma ação regressiva contra o responsável pelo desrespeito às normas de proteção ambiental. Sarlet e Fensterseifer enfatizam que essa exigência legal reforça a dimensão prestacional do dever fundamental de proteção ambiental.

A função ecológica da propriedade passa a constituir, portanto, um limite interno à propriedade, indissociável a ela. Desse modo, via de regra, não prosperam os pedidos de indenização contra o poder público, alegando que há desapropriação indireta da área protegida, uma vez que não se trata de limite negativo que restringe o uso e o gozo de bens próprios, mas um poder-dever do proprietário conferir uso adequado ao seu imóvel. Herman Benjamin aponta que, embora a função ecológica da propriedade não seja um privilégio da nossa Constituição (presente nas constituições da Colômbia, do Equador e da Bolívia, por exemplo), inexistem precedentes judiciais em outros países da América Latina, situação oposta à brasileira, em que ela está presente em várias decisões do Superior Tribunal de Justiça.

As referidas obrigações atreladas à propriedade estão em consonância com a ordem econômica vinculada ao desenvolvimento sustentável instituída pela Constituição de 1988, mesmo assim, o ônus da proteção às Áreas de Preservação Permanente não pode ficar concentrado somente nos proprietários. O Estado deve criar programas de apoio e estabelecer incentivos para conservação dessas áreas. O Código Florestal, por exemplo, já prevê, no inciso III do artigo 41, a utilização de fundos públicos para concessão de créditos reembolsáveis e não reembolsáveis destinados à compensação, recuperação ou recomposição das Áreas de Preservação Permanente, de Reserva Legal e de uso restrito, desde que o desmatamento tenha ocorrido até 22 de julho de 2008.

As propriedades rurais não pagam o Imposto sobre a Propriedade Territorial Rural (ITR) sobre a porção do imóvel identificada como Área de Preservação Permanente ou Reserva Legal, conforme o artigo 10, §1º, alínea "a" da Lei nº 9.393/96, que regulamenta esse imposto. No meio urbano, o tributo aplicável às propriedades imóveis é o Imposto Predial e Territorial Urbano (IPTU), de competência dos municípios, destarte só normas municipais poderiam conceder essa isenção. O Superior Tribunal de Justiça tem jurisprudência consolidada no sentido da possibilidade de computar as Áreas de Preservação Permanente no cálculo desse imposto e negar aplicação analógica da norma federal aplicável ao ITR.

A criação de incentivos fiscais pelos municípios constitui uma ótima ferramenta para promoção do desenvolvimento sustentável nas cidades. E reproduzir a hipótese de isenção do ITR no IPTU pode trazer vários benefícios, tais quais: inicialmente, os órgãos ambientais teriam seu trabalho de fiscalização facilitado, mediante a condição de averbação da área em cartório e cadastramento nos seus bancos de dados para obter a isenção, exigência esta que não existe em relação ao ITR, o que acaba gerando críticas da doutrina à legislação federal. Ato contínuo, com essas informações, a gestão e o controle das áreas ambientalmente sensíveis poderão ser mais eficientes e será possível constatar se a coletividade está sendo efetivamente beneficiada com a redução na arrecadação do tributo.

A isenção de tributos também é um instrumento valioso para induzir a população a adotar comportamentos ambientais sustentáveis. O responsável pela propriedade ficará incentivado a conservar e/ou a recuperar a área, ao invés de tentar explorá-la economicamente, além de impedir que nela haja degradação ambiental por terceiros. Alguns municípios já editaram leis para conceder isenção no IPTU de imóveis com Áreas de Preservação Permanente, a exemplo de: Vitória-ES (Lei nº 4.476/1997), Caxias-RS (Lei nº 05/2012) e São José dos Campos-SP (Lei Complementar nº 319/2007).

A capital do estado do Espírito Santo apresenta uma legislação bem elaborada que pode servir como modelo para outros municípios que desejarem incorporar disposições similares em seu ordenamento jurídico. O Decreto Municipal nº 14.072/2008, que regulamenta a Lei Municipal nº 4.476/1997, estabelece que a isenção será de, no máximo, cinquenta por cento, mediante o atendimento de índices e critérios contidos no anexo do decreto. O anexo indica que o proprietário terá 10% de isenção se o estado de conservação da vegetação for bom; 9%, caso seja mediano; e apenas 3%, se for ruim. Outros critérios legais para atingir a cota máxima de isenção incluem o tamanho da área, o grau de vegetação do terreno, a existência de nascente ou curso d'água, o abrigo de espécies raras e se a proteção da área pelo proprietário é total, parcial ou reduzida.

2.3 As funções ambientais das Áreas de Preservação Permanente

A crescente intensidade das mudanças climáticas, que vêm causando danos em locais que, até pouco tempo, não sofriam diretamente seus efeitos, exige uma maior atenção e proteção ao meio ambiente. Nesse contexto, as Áreas de Preservação Permanente ganham relevância em função das suas valiosas funções ambientais. São três as suas funções ambientais centrais: a primeira, relativa à proteção dos recursos hídricos; a segunda, diz respeito à proteção da estabilidade geológica do solo e da paisagem; e, a última, refere-se à proteção da biodiversidade.

A proteção conferida à cobertura vegetal às margens dos corpos d'água é vital para evitar a contaminação da água por substâncias nocivas e outras alterações que comprometem a sua qualidade. Em tempos de crise hídrica, deixar fontes de águas potáveis desprotegidas é um luxo que a sociedade não pode arcar. Chega a ser paradoxal uma cidade ter constantemente racionamentos de água enquanto um ou mais rios cortam o seu perímetro urbano. A floresta ripária/ciliar influi positivamente em diversos aspectos: realiza um controle térmico e melhora o habitat das comunidades aquáticas; preserva a umidade e mantém o ciclo hídrico; reduz o impacto de enxurradas e age como filtro de sedimentos ou fertilizantes, protegendo os corpos de água e as águas subterrâneas. Há que se destacar a importância dessas áreas ao longo das margens dos rios para viabilizar a manutenção do fluxo gênico entre espécies animais e vegetais. Sobre esta primeira função, importa comentar a existência da "zona de inundação" que deve ser preservada para conter a cheia do rio e reduzir os riscos de desastres naturais e inundações nos centros urbanos.

A segunda função trata da preservação da paisagem natural e da estabilidade geológica. A preservação da paisagem natural é responsável por trazer harmonia e equilíbrio ao meio ambiente, além de garantir, através de sua manutenção, a integridade dos processos ecológicos e manter serviços ambientais essenciais para uma boa qualidade de vida. A preservação das Áreas de Preservação Permanente em áreas urbanas proporciona bem-estar à população ao diminuir a temperatura, a poluição visual das cidades e por manter a umidade do ar. Já a preservação da estabilidade geológica refere-se a encostas, topos de morro e montes com declividade superior a 45º. Estas áreas são sujeitas a deslizamentos de solo ou rocha e sua condição piora quando sofre desmatamento. Nas margens dos rios, a degradação e/ou ocupação irregular impedem a proteção da vegetação e provocam assoreamento de rios, cheias e enchentes, pondo em risco a vida e o patrimônio público e privado. Problemas como estes, inclusive, figuraram como responsáveis pela morte e desaparecimento de centenas de pessoas, como as fortes chuvas da região serrana do Rio de Janeiro, em 2013, que causaram 900 mortes, ou a catástrofe que abateu o Vale do Itajaí, em 2008, provocando a morte de 130 pessoas.

Preservar a biodiversidade é a terceira função essencial das Áreas de Preservação Permanente, e consiste em proteger a fauna, a flora e também o bem-estar da humanidade. Os manguezais, em toda a sua extensão, as restingas, como fixadoras de dunas ou estabilizadoras de mangue, e as veredas são consideradas Áreas de Preservação Permanente com função de preservar a biodiversidade e a paisagem natural. O Brasil aderiu formalmente à Convenção sobre Diversidade Biológica (CDB), promulgada por meio do Decreto Federal nº 2.519/1998, que conferiu condições adequadas para a conservação *in situ* da biodiversidade. Assim, as Áreas de Preservação Permanente podem proteger, por exemplo, espaços que sejam destinados à agricultura e à fruticultura (manutenção de espécies responsáveis pela polinização).

Nas regiões urbanas, as Áreas de Preservação Permanente não possuem, ou possibilitam as mesmas funções ambientais daquelas existentes nas áreas rurais, devido à grande interferência das ações antrópicas. Entretanto, são de vital importância para a melhoria da qualidade de vida nos centros urbanos, uma vez que áreas verdes amenizam a temperatura em seu entorno, dispersam poluentes, funcionam como barreiras absorventes de ruídos, aumentam a umidade relativa do ar e melhoram a paisagem, criando, assim, espaços mais agradáveis.

O microclima das cidades também é afetado por estas áreas verdes, permitindo menores variações térmicas, uma vez que, nas áreas desflorestadas, os raios solares incidem diretamente sobre o solo, sendo este aquecido rapidamente, o que aumenta a temperatura local. Já em locais com vegetação mais abundante, a temperatura tende a ser mais baixa, o ar mais úmido, com menores picos de variação, o que afeta diretamente a biodiversidade local, uma vez que espécies mais sensíveis podem não resistir a tais elevações ou variações de temperatura.

Destarte, a proteção e a expansão de áreas verdes urbanas, principalmente das Áreas de Preservação Permanente, é um elemento fundamental na luta para restringir os impactos das mudanças climáticas. O Plano Nacional sobre Mudança do Clima não contempla essas ações e, no âmbito das cidades, restringe-se a fazer referência à necessidade de melhoria nos transportes coletivos urbanos. Tornar as cidades sustentáveis é uma das chaves para o combate dos efeitos nocivos das mudanças climáticas, desse modo, políticas públicas que promovam uma cidade mais verde e protejam as Áreas de Preservação Permanente devem ser incluídas no plano estratégico do governo. Essa legislação pode servir como modelo para outros municípios também engajarem os proprietários a promoverem a conservação e a recuperação das áreas protegidas localizadas nas suas propriedades.

2.4 Áreas de Preservação Permanente em zonas urbanas

A redação do artigo 4º do Código Florestal enfatiza que o regime das Áreas de Preservação Permanente é válido tanto nas áreas rurais quanto nas áreas urbanas. Contudo, esse dispositivo não é suficiente para fazer cessar os debates sobre a aplicação do Código no espaço urbano.

Paulo Bessa Antunes, em posicionamento crítico, assevera que a União avançou sobre as competências legislativas municipais ao fixar as metragens das Áreas de Preservação Permanente urbanas. A Constituição, em seu artigo 182, atribuiu ao Poder Público Municipal o dever de fomentar a política de desenvolvimento urbano visando à consecução das funções sociais da cidade e a garantia do bem-estar de seus habitantes. O Estatuto da Cidade, por sua vez, dispõe que o plano diretor da cidade deve regular o uso do solo para evitar a poluição e a degradação ambiental. Destarte, a regulação dessas áreas é tema de interesse local e caberia ao município suplementar a legislação federal para instituir as áreas de proteção conforme o seu plano diretor.

Em sentido contrário, José Afonso da Silva e Paulo Affonso Leme Machado afirmam que os princípios e limites previstos no Código Florestal que definem as florestas e demais formas de vegetação de preservação permanente devem ser respeitadas pela legislação local. Assim, seria ilegal qualquer norma que diminuísse o âmbito de proteção instituído pela lei federal.

O pleno do Supremo Tribunal Federal ainda não confrontou essa questão, mas, em decisão monocrática, a Ministra Cármen Lúcia considerou os limites definidos no Código Florestal como níveis mínimos de proteção ambiental, devendo ser cumpridos também nas zonas urbanas:

> E ocorre que esse novo Código Florestal brasileiro é explícito e categórico de que é considerada área de preservação permanente toda e qualquer área de manguezal, o que é extremamente o caso dos autos. Mais ainda, o novo Código Florestal, também de forma explícita, determina que essa área de preservação permanente se aplica, mesmo em áreas urbanas, e que a legislação municipal deve respeitar os limites por ele estabelecidos.

Os debates para a elaboração do novo Código Florestal, aprovado em 2012, ficaram polarizados entre ruralistas e ambientalistas. Um lado lutava pela conservação dos ecossistemas e contra o desmatamento, enquanto o outro pleiteava uma flexibilização na legislação para favorecer o agronegócio. Os estudos científicos que subsidiavam as propostas de delimitação das Áreas de Preservação Permanente focavam somente no contexto rural. O professor do Departamento de Ecologia da USP, Jean Paul Metzger, por exemplo, arguiu que existia a necessidade de expansão dos valores limiares mínimos para 50 metros de cada lado do rio, independentemente do bioma, do solo ou do tipo de topografia, mas os espaços urbanos não foram contemplados no seu estudo.

A questão urbana não foi devidamente discutida e, consequentemente, não foi tratada da forma ideal pelo Código Florestal. As metragens das Áreas de Preservação Permanente são as mesmas para as zonas rurais e urbanas, o que gera inúmeras situações de conflitos nas cidades com a lei ambiental, cujos critérios foram baseados em uma realidade totalmente distinta.

Os parágrafos 7º e 8º do artigo 4º do Código Florestal, que permitiriam uma mudança nessa realidade, foram vetados pela Presidenta Dilma. O parágrafo 7º dispunha que, em áreas urbanas, as faixas marginais de qualquer curso d'água natural que delimitem as áreas da faixa de passagem de inundação teriam sua largura determinada pelos respectivos Planos Diretores e Leis de Uso do Solo, ouvidos os Conselhos Estaduais e Municipais de Meio Ambiente. O parágrafo 8º assinalava que, no caso de áreas urbanas e regiões metropolitanas, as Áreas de Preservação Permanente seriam reguladas nos respectivos Planos Diretores e Leis Municipais de Uso do Solo.

Como justificativa para o veto, foi apontado que as inovações trazidas pelos dois parágrafos constituiriam grave retrocesso ao dispensar a necessidade de observância de critérios mínimos de proteção, essenciais para a preservação do meio ambiente e a prevenção de desastres naturais. Mesmo assim, vários projetos de lei tramitam no Congresso Nacional buscando formas de flexibilizar os critérios utilizados pelo Código Florestal para o meio urbano. Destacamos duas proposições: o Projeto de Lei Complementar nº 387/2014 do Deputado Zoinho (PR-RJ), que visa a acrescentar à Lei Complementar nº 140 de 2011 dispositivo atribuindo ao Município competência para estabelecer as metragens das Áreas de Preservação Permanente em área urbana consolidada; e o Projeto de Lei do Senado, nº 368, de autoria da Senadora Ana Amélia Lemos (PP-RS), cuja redação é bastante similar ao texto vetado.

As proposições legislativas, em geral, visam a atribuir aos municípios competência legislativa para definir os limites de ocupação das Áreas de Preservação Permanente em áreas urbanas, a partir dos seus planos diretores. Uma eventual mudança na lei nesse sentido poderá solucionar diversos conflitos urbanos com a legislação vigente, contudo, o seu custo poderá ser demasiadamente alto. Na hipótese de algum desses projetos ser aprovado, não haverá mais um limite mínimo de proteção para os municípios seguirem, o que pode ser muito perigoso para a sustentabilidade da cidade, já que os órgãos responsáveis por ditar as normas podem, gradualmente, sucumbir às pressões do mercado imobiliário e das indústrias e eliminar boa parte da proteção ambiental existente, com o risco, inclusive, de haver uma disputa entre os municípios, tal como acontece em relação aos tributos com as guerras fiscais, para ter a legislação ambiental mais flexível e atrair mais investimentos em detrimento da preservação do meio ambiente.

Arícia Correia e Talden Farias ressaltam que a autonomia municipal não pode prevalecer sobre os princípios constitucionais de proteção ao meio ambiente. O plano diretor e as demais normas municipais, obrigatoriamente, devem resguardar o meio ambiente. Seria um contrassenso permitir uma margem menor para as Áreas de Preservação Permanente em relação a uma norma hierarquicamente superior.

Como já foi ressaltado nesse trabalho, as Áreas de Preservação Permanente exercem funções vitais para manter o equilíbrio ecológico da cidade, para tanto, também é necessária uma metragem mínima a fim de que elas possam ser realizadas. Portanto, o regime de proteção imposto na norma geral (Código Florestal), instituído conforme critérios técnicos, não pode ser reduzido livremente pelo Poder Público municipal. Caso ocorra a transferência de atribuições, o ideal seria que o governo federal conduzisse estudos técnicos específicos sobre a dinâmica dessas áreas nos centros urbanos, com vistas a estabelecer patamares mínimos de proteção antes de transferir a responsabilidade para os municípios.

2.5 Áreas de Preservação Permanente legais e administrativas

Existem duas espécies de Áreas de Preservação Permanente: as legais (*ex lege*), elencadas taxativamente no art. 4º do Código Florestal, já destacadas anteriormente, com as respectivas descrições e medidas; e as administrativas, declaradas pelo Poder Público. Estas são criadas a partir da expedição de um ato pelo chefe do poder executivo municipal, estadual ou federal. Esta última espécie de Área de Preservação Permanente pode ser livremente criada com o objetivo de proteger áreas sensíveis, a fauna, a flora e, principalmente, assegurar condições de bem-estar público:

> Art. 6º Consideram-se, ainda, de preservação permanente, quando declaradas de interesse social por ato do Chefe do Poder Executivo, as áreas cobertas com florestas ou outras formas de vegetação destinadas a uma ou mais das seguintes finalidades:
> I – conter a erosão do solo e mitigar riscos de enchentes e deslizamentos de terra e de rocha;
> II – proteger as restingas ou veredas;
> III – proteger várzeas;
> IV – abrigar exemplares da fauna ou da flora ameaçados de extinção;
> V – proteger sítios de excepcional beleza ou de valor científico, cultural ou histórico;
> VI – formar faixas de proteção ao longo de rodovias e ferrovias;
> VII – assegurar condições de bem-estar público;
> VIII – auxiliar a defesa do território nacional, a critério das autoridades militares.
> IX – proteger áreas úmidas, especialmente as de importância internacional.

Paulo Bessa Antunes atenta para o fato de que, mesmo sendo instituídas casuisticamente, deverá haver uma fundamentação técnica e jurídica para a decretação dessas novas Áreas de Preservação Permanente, uma vez que o regime de preservação, por determinação executiva, irá incidir em direitos de terceiros que, dependendo do grau de limitação, poderão ser indenizados.

As Áreas de Preservação Permanente administrativas podem se tornar um valioso instrumento de desenvolvimento urbanístico, pois além de assegurar o equilíbrio ecológico da cidade, elas também podem proporcionar aos cidadãos um local público agradável para o lazer, a prática de esportes e a contemplação a natureza, espaços tais, cada vez mais escassos nas metrópoles.

Os governantes, principalmente os municipais, devem se atentar para este instrumento, posto que, segundo lição de Luigi Bonizzato: "Em um país eminentemente urbano, a cidade deve ser a grande fomentadora e promotora do bem-estar social e da qualidade de vida, cumprindo sua função social e ambiental, sendo geratriz do progresso...".

Ademais, ela pode ser uma opção bem mais viável que a instituição de Unidades de Conservação, já que, conforme o artigo 22, §2º, da Lei nº 9.985, que institui o Sistema Nacional de Unidades de Conservação da Natureza, a criação de uma unidade de conservação deve ser precedida de estudos técnicos e de consulta pública que permitam identificar a localização, a dimensão e os limites mais adequados para a unidade, conforme se dispuser em regulamento. As Unidades de Conservação ainda deverão possuir um Plano de Manejo, além de um conselho gestor. Por essas razões, Valéria Lima Saldanha defende que instituir Unidades de Conservação em áreas relativamente pequenas e isoladas, como provavelmente será o caso das localizadas no meio urbano, acarreta um custo muito elevado para o Poder Público e a implementação dos planos de manejo esbarra na escassez de mão de obra, não sendo, portanto, recomendáveis.

No Nordeste, grandes áreas verdes dentro das cidades podem ser uma solução para o aumento da temperatura decorrente do aquecimento global. Estudo conduzido em João Pessoa-PB, por um professor do curso de Ecologia da Universidade Federal da Paraíba, para auferir o papel na amenização climática e das ilhas de calor promovido pela Mata do Buraquinho, área de proteção com 515 hectares, constatou diferenças de até 3 graus centígrados e de 10% na umidade relativa do ar entre o ponto de colheita de dados, dentro da mata, e outra região da cidade.

CAPÍTULO 3

DIREITO À PROPRIEDADE E REGULARIZAÇÃO FUNDIÁRIA

O direito à propriedade acompanhou o desenvolvimento das civilizações humanas, sem, contudo, permanecer imutável por todo esse tempo. O seu conceito ganhou complexidade para abranger as novas dinâmicas sociais e passou a demandar o cumprimento da sua função social. Este capítulo tem como objetivo examinar a evolução do conceito de propriedade e o papel do Estado, para, então, analisar o instituto da regularização fundiária como forma de acesso e garantia dos direitos correlatos à propriedade.

3.1 Volta copérnica e o direito civil constitucional

A sociedade está em constante transformação e o direito, consequentemente, não poderia ficar inerte. Casamento entre pessoas do mesmo sexo, filhos adotivos com os mesmos direitos que filhos biológicos, princípio da boa-fé, proteção especial aos consumidores, entre outras, são realidades que, até poucas décadas, seriam inimagináveis. O perfil do Estado também foi gradualmente alterado, desde o absolutismo e liberalismo até chegar ao Estado social, consistindo em outra força motriz de mutação das relações jurídicas.

A doutrina clássica do direito civil tem como base os valores do Estado Liberal que defendem a plena liberdade entre as partes contratantes. O movimento liberal, especialmente a partir da segunda metade do séc. XVIII, representava os desejos da burguesia de estabelecer uma nova ordem em que o Estado atuaria como um mero coadjuvante, garantindo a liberdade formal para as partes pactuarem livremente seus contratos, seguindo a lógica do "laissez-faire".

Por conseguinte, nesse contexto, havia a valorização do princípio da autonomia da vontade. Caio Mário Pereira aponta quais seriam os quatro aspectos fundamentais do referido princípio: a) faculdade de contratar e de não contratar, ou seja, a possibilidade de decidir, segundo os interesses e conveniências, se deseja firmar o contrato; b) a liberdade de escolher com quem deseja contratar, bem como o tipo de negócio a ser efetuado; c) a liberdade de fixar o conteúdo do contrato; d) uma vez concluído o contrato, este passa a constituir fonte formal de direito, autorizando qualquer das partes a mobilizar o aparelho coator do Estado para fazê-lo respeitar integralmente, na forma que foi originalmente pactuado entre as partes.

À época, os juristas acreditavam que os contratos criados seguindo esse modelo não poderiam criar injustiças, uma vez que os seus desdobramentos já teriam sido aceitos em razão de os contratantes exteriorizarem a sua vontade no momento da sua celebração. Ou seja, a plena liberdade e a igualdade formal, sozinhas, conduziriam à justiça contratual.

Havia também uma clara distinção entre o direito privado e o direito público, seguindo os moldes da divisão concebida no *Corpus Juris Civilis*, em que o direito público seria voltado ao Estado, à coisa romana; enquanto o direito privado corresponderia à volta à utilidade de cada um dos indivíduos, a partir dos preceitos naturais, civis ou das gentes.

Na mesma época em que os ideais burgueses ascendiam, o movimento de codificação do direito civil se intensificou. Daniel Sarmento aponta que esse período representou o coroamento dos ideais racionalizadores do iluminismo, os quais deveriam estar fincados em bases seguras e organizadas. Um instrumento legal único possibilitaria uma aplicação da lei com mais generalidade e abstração, o que conferiria mais segurança às relações jurídicas.

Nesse contexto, o Código Napoleônico de 1804 é o diploma legal mais representativo. Sobre ele, Pablo Stolze e Rodolfo Pamplona assinalam que: "O código marca a tendência ideológica do seu momento, com um fator agravante: sua vocação fagocitária e totalizadora pretende agir com plenitude, todas as facetas da complexa e multifária cadeia de relações privadas".

Correlata à questão da codificação, está a Escola da Exegese desenvolvida na França, a qual prezava pela aplicação fria da lei, restringindo o papel criativo dos juízes. Desse modo, foi constituído um sistema que prezava pela segurança das relações para impulsionar o desenvolvimento das atividades econômicas, contudo, essa segurança não contemplava os desejos da população e a promoção dos seus direitos, o papel do direito privado se resumiria a resguardar os interesses dos proprietários e burgueses, tendo como base a autonomia de cada indivíduo.

O Código Civil Brasileiro de 1916 foi fortemente influenciado pelo Código Napoleônico, absorvendo suas virtudes e seus defeitos. Ele refletia uma sociedade patriarcal que ainda colocava o homem em posição de superioridade, diferenciava filhos havidos fora do casamento e era elitista, por resguardar os interesses dos mais abastados, sem conferir maior proteção aos sujeitos mais vulneráveis.

Ocorre que os ideais liberais aplicados irrestritamente trouxeram consequências incompatíveis com o desejo de construir uma sociedade mais justa e igualitária. Logo, percebeu-se que os detentores dos meios de produção e os grandes comerciantes acumulavam a maior parte das riquezas, enquanto, nas classes mais humildes, ficavam concentradas as externalidades negativas das relações privadas, sem qualquer contrapeso para equilibrá-las.

A estrutura do Estado e da sociedade estavam centradas na proteção a interesses individuais e não no bem-estar coletivo. Reflexos dessa lógica perversa podiam ser constatados nos vários ramos do direito civil, não só nos contratos, mas também no direito das famílias, na responsabilidade civil etc. Os problemas sociais ficavam cada vez mais evidentes, e o sistema vigente não tinha respostas, ou melhor, era condizente no sentido de manter as riquezas e os direitos concentrados nas mãos de poucos.

Vários autores passaram a denunciar essa realidade injusta aos olhos do povo, mas legal para os detentores do poder. Nesse sentido, André Luiz Menezes Sette destaca a Encíclica *Rerum Novarum,* publicada em 1891, pelo Papa Leão XIII, e os estudos de John Maynard Keynes denunciando a falácia da justiça da política do "laissez-faire".

Rodrigo Toscano de Brito aponta que a superação da ideia de códigos civilistas como centro do universo jurídico ocorreu em função do processo de desenvolvimento histórico que influenciou o perfil da legislação. Entre os vários fatores, o referido autor aponta o contrato como o principal vetor de transformação por sua conexão com o dinamismo da economia.

O liberalismo provou não ser perfeito como os liberais deduziam, principalmente por causa da falta de regulamentação dos mercados, que priorizam o lucro em detrimento de qualquer garantia de proteção aos cidadãos. Nesse contexto, houve a ascensão do Estado Social, que confere uma proteção especial aos direitos políticos, econômicos e dos trabalhadores. As constituições, além de demarcar os limites do poder do Estado e a garantia das liberdades fundamentais, passaram a incorporar uma visão mais social e política para o sistema econômico. Nesse processo de evolução, merecem destaque as constituições do México (de 1917), de Weimar (de 1919), e a brasileira (de 1934).

O constitucionalismo contemporâneo, que acompanhou esse novo modelo, é marcado pela ideia de uma Constituição dirigente, em que o Estado deve interferir na economia, e que contém várias normas programáticas visando à conquista da tão almejada justiça social.

Os princípios socioeconômicos contidos no texto constitucional não podem ser compreendidos como meros desejos ou objetivos distantes. Na linha do pensamento de Konrad Hesse, a Constituição deve ser considerada como a ordem jurídica fundamental e detentora de uma força normativa capaz de assegurar a realização dos objetivos elencados no seu texto:

> Não se deve esperar que as tensões entre ordenação constitucional e realidade política e social venham a deflagrar sério conflito. Não se poderia, todavia, prever o desfecho de tal embate, uma vez que os pressupostos asseguradores da força normativa da Constituição não foram plenamente satisfeitos. A resposta à indagação sobre se o futuro do nosso Estado é uma questão de poder ou um problema jurídico depende da preservação e do fortalecimento da força normativa da Constituição, bem como de seu pressuposto fundamental, a vontade de Constituição.

Deste modo, os mandamentos constitucionais deverão nortear toda a atuação do Estado, nas três esferas de poder. Há, portanto, uma mudança de paradigma: as grandes codificações perdem parte da sua importância e o seu fetiche de aplicação integral e literal, revolucionando a percepção dos juristas sobre a função de cada norma, da mesma forma que Nicolau Copérnico transformou a astrologia.

Antes dos estudos de Copérnico, acreditava-se que a Terra era o centro do universo e que os demais astros orbitavam ao seu redor (teoria geocêntrica). No entanto, o astrônomo e matemático polonês, contrariando a Igreja Católica, desenvolveu a teoria heliocêntrica, segundo a qual o sol seria o centro do sistema solar, e os planetas, na verdade, estariam na sua órbita, esclarecendo que os dias e noites são resultantes do movimento de rotação da Terra.

A Constituição equipara-se ao sol, que se tornou o novo centro das ações com a "virada de Copérnico". As normas infralegais devem, pois, não apenas respeitar a Constituição no sentido formal, mas também incorporar os valores contidos nesta para formar um sistema jurídico harmônico. Não há mais um caráter absoluto da interpretação literal dos códigos, que sempre devem estar de acordo com o "espírito" da Constituição, que agora é o centro e a razão de ser de todo ordenamento jurídico. Luiz Edson Fachin afirma que:

> Assim, uma virada de Copérnico se registra desde o princípio das razões expostas às raízes históricas e sociológicas da vida privada captada nos Códigos. As transformações se dão no tríplice vértice, vale dizer, do contrato, a seu modo do pacto parcelar à obrigação como processo, da propriedade, da titularidade singular ao significante plural, propriedades, e da família, esta (sem deixar o que realmente é, ontologicamente) além do *numerus clausus*.

As constituições, a exemplo da brasileira de 1988, passam a conter dispositivos voltados para o futuro, com a intenção de transformar a sociedade e não só de espelhá-la. Assim, a prática do Direito Civil não poderia ficar estagnada no tempo. Nesse sentido, surge o Direito Civil Constitucional, que propõe uma nova visão sobre os institutos históricos desse ramo do direito.

A releitura do Direito Civil à luz da Constituição, conforme lição de Gustavo Tepedino, representa a incorporação de valores não patrimoniais, principalmente a dignidade da pessoa humana, o desenvolvimento da sua personalidade, direitos sociais e a justiça distributiva, objetivos pelos quais os agentes econômicos também devem cooperar para a sua consecução.

Destarte, a proteção jurídica aos institutos clássicos do direito civil, incluso o direito à propriedade, não pode se resumir à garantia do gozo absoluto de direitos, mas deve focar igualmente na construção de uma sociedade livre, justa e solidária, objetivo fundamental fixado na constituição brasileira.

3.2 Funcionalização da propriedade privada e a superação do paradigma individualista

A propriedade está atrelada à própria convivência do homem em sociedade, assim, afirma-se que ela é inerente à natureza do homem, teoria da natureza humana. A apropriação de bens visando à satisfação das necessidades físicas, alimentícias e morais contribuiu para a evolução das primeiras sociedades. A propriedade, principalmente a terra, viabilizou a fixação do homem em uma determinada área, tornando desnecessária a manutenção de fluxos migratórios; concomitantemente, devido à sua relevância para a vida comunitária, ela passou a ser concebida como um direito, recebendo, por isso, a devida proteção pelas normas jurídicas aplicáveis a cada civilização.

O constitucionalista português J. J. Gomes Canotilho enfatiza que a propriedade é um vetor natural de desenvolvimento econômico, social e cultural. Indiscutível a sua importância para a produção de bens, o fomento das relações comerciais, a estruturação da sociedade e a identidade cultural de um povo, que pode ser constatada, desde através do modo como as propriedades são divididas e utilizadas pela sociedade e da existência de bens culturais, até por meio das características de construção dos prédios que exprimem o seu modo de vida.

No princípio, nas civilizações mais antigas e em tribos indígenas, a propriedade tinha/tem um caráter coletivo, há um domínio comum das coisas úteis e da terra, enquanto só alguns bens, como redes, armas e utensílios de uso próprio, são individualizados.

Fustel de Coulanges, em sua clássica obra "A Cidade Antiga", destaca que a propriedade em conjunto com a religião doméstica e a família estavam solidificadas nas sociedades gregas e itálicas, desde as mais antigas eras. A ideia de propriedade estava contida na própria religião praticada por essas sociedades. Cada família adorava certos deuses que só aquele núcleo poderia venerar, e este Deus só protegeria aquela propriedade. Dessa forma, a entidade divina se instala em determinada área e ao homem não era permitido sair dali, senão por extrema necessidade ou por ter sido expulso por um inimigo, ou seja, a terra é destinada àquela pessoa, tornando-se a sua propriedade.

Entre os romanos, a propriedade tinha um caráter absoluto e individualista, não obstante existissem algumas limitações fundamentadas no interesse público e dos vizinhos. Ela era oponível a todos, *erga omnes*, perpétua, exclusiva, e ainda carregava um forte cunho religioso. O direito à propriedade era exercido com *jus utendi* (direito de usar a coisa como lhe for mais conveniente), com *jus fruendi* (direito de usar os frutos e produtos da coisa) e com *jus abutendi* (direito de dispor da coisa). Nesse contexto, os usos (e abusos) da propriedade pelo seu titular perpassam pela lógica de possibilidade do exercício do direito real do proprietário, sem vinculação a nenhuma outra pessoa: é o "*jus in re*". Essa concepção tem suas raízes na perspectiva liberal e exclusivista da propriedade, que é muito forte no ordenamento jurídico brasileiro e resguardada pelo Código Civil (CC) de 2002: "Art. 1.231. A propriedade presume-se plena e exclusiva, até prova em contrário" (BRASIL, 2002). Nessa conjuntura, a utilidade funcional tem menos força normativa, jurídica, social e até cultural do que a titularidade *per si*. Em termos, o direito de ser proprietário e todas as imunidades daí advindas são maiores e mais protegidos juridicamente do que a efetiva destinação do bem imóvel.

Durante a Idade Média, a propriedade, concentrada nas mãos de poucos, garantia o comando dos senhores feudais, reafirmando seu status de nobreza e dominando os meios de produção com os quais subjugavam a força de trabalho dos camponeses.

O modo de produção capitalista manteve a qualidade individualista da propriedade e atribuiu-lhe um caráter cada vez mais absoluto. O Código Napoleônico de 1804 concebeu a propriedade como um espaço de liberdade e privacidade da pessoa, rechaçando intervenções do Poder Judiciário capazes de deduzir as faculdades de fruição e disposição do proprietário. Esse código valorizava a esfera patrimonial dos sujeitos, seguindo os anseios burgueses de proteção aos interesses privados e liberdade negocial.

Nesse contexto histórico, destaca-se, também, a Declaração dos Direitos do Homem e do Cidadão, de 1789, fruto da Revolução Francesa, que proclamava a propriedade como um direito natural e imprescindível para o homem: "Artigo 17º – Como a propriedade é um direito inviolável e sagrado, ninguém dela pode ser privado, a não ser quando a necessidade pública, legalmente comprovada, o exigir, evidentemente, e sob condição de justa e prévia indemnização".

As primeiras constituições brasileiras, de 1824 e 1891, tratavam a propriedade como um direito absoluto, que só poderia sofrer intervenção estatal em raríssimas exceções, segundo os moldes das constituições francesa e portuguesa. O Código Civil de 1916 manteve essa visão sobre a temática, ainda espelhando as doutrinas individualista e voluntarista presentes no código Napoleônico.

Essa realidade só começou a ser alterada com a Constituição de 1934, já sob a influência da Constituição de Weimar, de 1919, que garantia o direito de propriedade, mas fazia a ressalva de que ele não poderia ser exercido contra o interesse social ou coletivo. A partir de então, começou um lento e gradual processo, que resultou na consolidação da função social da propriedade, conferindo novo significado ao milenar instituto.

Orlando Gomes conceituava propriedade a partir de três critérios: o sintético, o analítico e o descritivo:

> Sinteticamente, é de se defini-lo, com Windscheid, como a submissão de uma coisa, em todas as suas relações, a uma pessoa. Analiticamente, o direito de usar, fruir e dispor de um bem, e de reavê-lo de quem injustamente o possua. Descritivamente, o direito complexo, absoluto, perpétuo e exclusivo, pelo qual uma coisa fica submetida à vontade de uma pessoa, com as limitações da lei.

Percebe-se que a definição trazida por um dos maiores civilistas brasileiros que influenciou os operadores pátrios do direito por décadas descreve a propriedade como um bem que está submetido quase exclusivamente à vontade do seu proprietário, que estaria livre para dispor ou deixar de dispor da propriedade. Não obstante a qualidade com que o referido civilista trabalha as características centrais do conceito de propriedade, hodiernamente, sua resposta estaria incompleta por não contemplar os deveres inerentes à propriedade, para que ela atinja a sua função social. Rudolf von Ihering, em "A luta pelo direito", já destacava que tornar a propriedade produtiva é condição para a sua existência: "A propriedade não pode conservar-se sã e vivaz, senão por uma contínua conexão com o trabalho. É nessa fonte somente, em que a propriedade incessantemente se regenera e vivifica, que mostra clara e lucidamente, até o fundo, o que é para o homem".

A Constituição Federal de 1988 conferiu um tratamento especial ao tema, incluindo a função social da propriedade no rol dos direitos e garantias fundamentais, além de elencá-lo como um dos princípios gerais da ordem econômica. Eros Grau ressalta que o princípio da função social da propriedade impõe ao proprietário, ou àquele que detenha o seu controle, o dever de exercício da propriedade em benefício de outrem, e não apenas de se abster de usá-la com prejuízo alheio. O princípio atua como fonte de imposição de comportamentos positivos, ou seja, prestação de fazer, e não, meramente, um não fazer.

O artigo 182, §2º, da Constituição dispõe que a propriedade urbana cumpre sua função social quando atende às exigências fundamentais de ordenação da cidade, expressas no plano diretor. Aqui, é possível constatar outra característica do Direito Civil Constitucional, o diálogo das fontes. Nesse caso, as normas que regularão a propriedade estarão em leis municipais (plano diretor), cujas diretrizes estão contidas no Estatuto da Cidade, norma de caráter eminentemente pública, demonstrando, também, a superação da separação radical entre o direito público e o privado.

O código civil de 2002, já influenciado pela nova ordem constitucional, mesmo que a sua tramitação tenha se iniciado na década de 1970, além de determinar o exercício do direito de propriedade em harmonia com as questões sociais, também atribui ao proprietário o dever de proteger a flora, a fauna, as belezas naturais, o equilíbrio ecológico e o patrimônio histórico e artístico, bem como de evitar a poluição do ar e das águas. Sobre o novo perfil da propriedade, Cristiano Farias e Nelson Rosenvald asseveram:

> A propriedade não é o retrato do imóvel com as características físicas, mas a feição econômica e jurídica que a representa formalmente, dotando o proprietário de uma situação ativa que lhe permita o trânsito jurídico de titularidades e a proteção plena do aparto jurisdicional. O título representativo da propriedade é apenas a parte visível de um bem intangível que resume um conjunto integrado e controlável de informações que circulam entre cartórios, registros, instituições financeiras e Estado, promovendo segurança e confiança intersubjetiva. Podemos assim, conceituar a propriedade, como uma relação jurídica complexa formada entre o titular do bem e a coletividade de pessoas.

Deste modo, evidencia-se que a propriedade deve servir ao bem comum e não unicamente ao seu dono, cujo direito sobre ela é apenas relativo. As mudanças ocorridas com o direito à propriedade simbolizam bem as transformações promovidas pelo Direito Civil Constitucional, para superação do paradigma individualista e valorização da pessoa humana, em vez de apenas resguardar as relações jurídicas. A propriedade exerce uma importante função para viabilizar uma vida digna, principalmente no que diz respeito a um lugar para as pessoas habitarem. Destarte, zelar pelo cumprimento da função social das propriedades é fundamental para garantir uma sociedade mais justa.

3.3 Regularização fundiária como instrumento de promoção do direito à moradia

O acesso à terra urbana ainda é um desafio para grande parte da população brasileira que vive, sobretudo, nos grandes centros. Nem o desenvolvimento econômico e as melhorias sociais alcançados nos primeiros anos deste século foram suficientes para frear o processo de desenvolvimento de favelas nas cidades, as quais, infelizmente, já fazem parte da paisagem urbana de maneira permanente. Pedro Abramo aponta quais seriam as três lógicas da ação social para a ocupação do espaço urbano: a primeira seria a *lógica do Estado*, segundo a qual o Poder Público define a forma, a localização e o público-alvo que terá acesso e poderá usufruir da terra urbana; a segunda é a *lógica do mercado*, conforme a qual a terra é uma mercadoria colocada à disposição dos consumidores, podendo haver mercados formais e informais de terra urbana; por fim, teríamos a *lógica da necessidade*, com a falta de recursos monetários que permitiriam o acesso ao mercado, somada à carência institucional, ficando a possibilidade de acesso à terra, então, restrita a uma ação coletiva de ocupação em terrenos ou imóveis, o que geraria inúmeras disputas políticas e jurídicas.

Nos grandes centros, prevalece a lógica da necessidade e/ou de mercados informais, compondo, assim, um grave contexto de informalidade urbana. Nas duas maiores cidades brasileiras, São Paulo e Rio de Janeiro, calcula-se que 50% da população viva "ilegalmente".

Não ter o imóvel devidamente registrado no cartório da sua região não é um simples capricho. As pessoas que vivem nas "cidades informais" sofrem de diversas maneiras por estarem fora da estrutura. O primeiro aspecto é a dificuldade no acesso a políticas públicas, pois geralmente essas áreas têm escassez de serviços médicos, escolas e saneamento básico. O segundo é o exercício limitado dos direitos correlatos à propriedade, visto que, fora do mercado formal, não há como explorar todo o seu potencial, logo, o bem desvaloriza-se e perde parte considerável da proteção jurídica, assim sendo, entrar com uma ação de reintegração de posse ou herdar a propriedade fica bem mais difícil. Ademais, a falta do título de propriedade também impossibilita a obtenção de crédito a juros mais baixos, em instituições de crédito público e privado, uma vez que o imóvel não pode ser usado para garantir o empréstimo. Os seguintes extratos de entrevistas com pessoas favorecidas com a regularização fundiária no morro do Cantagalo, Rio de Janeiro, respondendo à pergunta: "Qual é a importância do título de propriedade para o senhor?" demonstram o impacto que a titulação da propriedade pode ter na vida dos beneficiados:

> *Luiz Bezerra do Nascimento, principal líder e apoiador do projeto de regularização, presidente da Associação de Moradores do Cantagalo:*
> R.: "O título de propriedade foi o começo de tudo, porque gente sem título não tinha nada. A gente tinha uma casa, mas que não era da gente, legal, porque a gente não tinha o terreno, a gente não tinha uma firmeza que era dono daquilo, então, sempre o governo estava mandando na gente... Agora não, a gente com título de propriedade sente firmeza, porque a gente sabe que aquela casa é da gente, que a gente tem o

título da propriedade. Nós somos donos da propriedade. Aquilo é o começo para tudo".

Cláudio Napoleão, líder comunitário, editor do jornal Canto do Galo:
R.: "É o reconhecimento da cidadania dos moradores do Cantagalo".

Paulo Cézar (Paulinho) da Silva Santos, vice-presidente da Associação de Moradores do Cantagalo:
R.: "A pessoa que teve o título nas mãos agora tá podendo respirar, porque antigamente, a gente não podia fazer isso, eles não tinham o poder na mão, agora sim, com o título, aí tem o poder, o poderio. Porque, antigamente, a gente não sabia, qualquer um chegava e falava "você vai fazer isso, vai fazer aquilo", a pessoa não sabia o que ia fazer. Agora não, se chegar e falar "você vai fazer", agora não, "depende", porque agora eu tenho isto aqui, esse papelzinho aqui, que manda muito, manda muito na minha vida agora".

Promover a regularização fundiária significa inserir o cidadão em um ambiente garantidor de direitos básicos necessários para uma vida digna e o seu desenvolvimento social e econômico. A Comissão Mundial sobre Ambiente e Desenvolvimento, em 1987, através do documento "Our Common Future" (Relatório Brundtland), notório por afirmar a necessidade de um desenvolvimento sustentável e a importância da preservação do meio ambiente, também tratou, em seu capítulo 9º, sobre a crise da urbanização, sugerindo a implantação de programas de "legalização" de assentamentos informais diante do acesso restrito a moradias no meio urbano:

> 49. A estrutura da propriedade das terras e a inabilidade ou falta de vontade dos governantes de intervir nessa dinâmica são, provavelmente, os principais fatores que contribuem para assentamentos "ilegais" e o crescimento urbano caótico. Quando metade ou mais das pessoas que compõe a força de trabalho da cidade não tem chance de obter um terreno legalizado onde uma casa possa ser construída, ou sequer ter condições para comprar ou alugar uma casa legalmente, o equilíbrio entre direitos de propriedade privada e o bem coletivo tem de ser rapidamente repensado.
> 50. Diante das tendências de urbanização na maioria dos países em desenvolvimento, não há tempo para perder com programas incertos e lentos. A intervenção governamental tem de ser reorientada para que os recursos limitados sejam aplicados com máxima efetividade na melhoria das condições de habitação para os pobres. As opções para

> intervir são muitas (ver Box 9-3), mas os governos devem se guiar por estas sete prioridades:
> (...)
> - *Fornecer proteção legal aos moradores dos assentamentos ilegais com títulos seguros e serviços básicos disponibilizados pelas autoridades públicas;*
> - Assegurar que a terra e outros recursos necessários para as pessoas construírem ou melhorarem suas casas sejam disponibilizados; [...] (Tradução do Autor). (Grifo nosso).

O instituto da regularização fundiária não é uma inovação recente do ordenamento jurídico pátrio, mas ele ganhou força com a edição da Lei nº 11.977/2009, que dispõe sobre o Programa Minha Casa, Minha Vida – PMCMV, com um capítulo específico para a regularização fundiária de assentamentos localizados em áreas urbanas. Esse capítulo foi posteriormente revogado pela Medida Provisória nº 759/2016 (posteriormente convertida na Lei nº 13.465/2017), que promoveu uma nova regulamentação do tema.

Antes disso, no início da década de 1980, a Regularização Fundiária já era vista como alternativa para promover o desenvolvimento urbano. José Roberto Bassul destaca o documento "Solo Urbano e Ação Pastoral", aprovado na 20ª Assembleia Geral da Conferência Nacional dos Bispos do Brasil (CNBB), o qual elencava a regularização fundiária de assentamentos informais como uma das propostas para a justa distribuição social do solo urbano, bem como o projeto da lei de desenvolvimento urbano enviado ao Congresso Nacional em 1983. Esse projeto foi elaborado pelo Conselho Nacional de Desenvolvimento Urbano (CNDU), com o escopo de melhorar a qualidade de vida nas cidades, e previa, entre os instrumentos para adequar a propriedade imobiliária à sua função social, a "regularização fundiária e a urbanização específica de áreas urbanas ocupadas por população de baixa renda" (art. 2º, V, "d").

Algumas cidades brasileiras foram pioneiras nos programas de urbanização e regularização fundiária, com destaque para as cidades de Belo Horizonte e Recife. A capital mineira, em 1983, editou a chamada Lei do Profavela, para regularizar favelas com normas urbanísticas especiais de uso, parcelamento e ocupação do solo. No mesmo ano, Recife criou 27 Zonas Especiais de Interesse Social (ZEIS) pela Lei de Uso e Ocupação do Solo, considerando os assentamentos localizados nessas áreas como parte integrante da cidade e passíveis de legalização e atendimento do Poder Público.

O Estatuto da Cidade, no seu artigo 2º, ao estabelecer as diretrizes para atingir o pleno desenvolvimento das funções sociais da cidade e da propriedade urbana, faz referência ao instituto da regularização fundiária:

> XIV – regularização fundiária e urbanização de áreas ocupadas por população de baixa renda mediante o estabelecimento de normas especiais de urbanização, uso e ocupação do solo e edificação, consideradas a situação socioeconômica da população e as normas ambientais.

Carlos Ari Sunfeld aponta que a necessidade de uma ordem urbanística popular é afirmada diretamente pelo dispositivo supracitado, ao impor como diretriz "o estabelecimento de normas especiais de urbanização, uso e ocupação do solo e edificação", que levem em conta a situação socioeconômica da população. A especialidade dessas normas tem como objetivo definido permitir a "regularização fundiária e a urbanização de áreas ocupadas por população de baixa renda". A mesma orientação parece estar implícita no inciso XV, quando exige "simplificação da legislação", com o fim de reduzir os custos da urbanização, ampliando a oferta de lotes e unidades habitacionais.

A Lei nº 13.465, oriunda da Medida Provisória nº 759/2016, estabeleceu as novas normas gerais e procedimentos aplicáveis para Regularização Federal Urbana, revogando o Capítulo III da Lei nº 11.977. No entanto, ela foi elaborada sem participação popular e dos órgãos, conselhos e entidades que atuam diretamente em processos de regularização fundiária, desconsiderando o conhecimento acumulado em experiências de regularização e da operacionalização da lei anterior, Lei nº 11.977, pelos Municípios, que sequer completou oito anos de vigência. Fica evidente que a referida Medida Provisória não cumpriu o requisito constitucional da urgência para sua edição. Ademais, ela mistura assuntos variados e de grande relevância (regulação fundiária no âmbito da Amazônia Legal, rural e urbana, liquidação de créditos concedidos aos assentados da reforma agrária, procedimentos de alienação de imóveis da União, direito de laje...) no mesmo instrumento normativo, impedindo, assim, a oportunidade de um debate mais aprofundado no Congresso Nacional. A nova legislação foca em facilitar questões registrais, contudo, não se pode perder de vista que os processos de regularização estão intrinsecamente relacionados à tutela do direito social fundamental à moradia e à organização do espaço urbano, sendo, inclusive, direito subjetivo dos potenciais beneficiários. Caso os gestores públicos negligenciem questões sociais e os princípios urbanísticos, os complexos problemas habitacionais não serão solucionados ou reduzidos, alguns dados estatísticos podem indicar melhorias, mas as condições de vida e habitação da população continuarão longe da ideal.

Em setembro de 2017 a Procuradoria-Geral da República apresentou, ao Supremo Tribunal Federal, uma Ação Direta de Inconstitucionalidade (ADI nº 5771), requerendo a declaração de inconstitucionalidade da Lei nº 13.465, na sua íntegra. Além dos vícios formais decorrentes da edição de uma Medida Provisória sem atender os requisitos constitucionais de relevância e urgência, a ação aponta que a lei questionada viola múltiplos princípios e regras constitucionais, como o direito à moradia (artigo 6º), o direito à propriedade e o cumprimento de sua função social (artigo. 5º, *caput* e inciso XXIII), a proteção do ambiente (artigo 225, caput, §1º, I, II, III e VII, e §§2º e 4º) e a política de desenvolvimento urbano (artigo 182, *caput* e §§1º e 2º) por conferir clara prevalência à titulação dos imóveis em detrimento do conjunto de medidas urbanísticas, sociais e ambientais indispensáveis ao desenvolvimento sustentável das cidades.

Outras duas Ações Diretas de Inconstitucionalidade tramitam no Supremo. O Partido dos Trabalhadores ajuizou a ADI nº 5787, que, além de discutir vícios formais, alega que a nova legislação é um retrocesso e prejudica as camadas mais pobres da população. O Instituto de Arquitetos do Brasil (IAB), por sua vez, na ADI nº 5883, aponta que a lei seria inconstitucional por invadir a competência dos municípios para legislar e definir políticas públicas urbanas locais. As três ADIs estão sob a relatoria do Ministro Luiz Fux e aguardam julgamento no Supremo Tribunal Federal.

A regularização fundiária urbana (Reurb), conforme disposto no *caput* do artigo 9º do novo marco geral da regularização fundiária, abrange medidas jurídicas, urbanísticas, ambientais e sociais destinadas à incorporação dos núcleos urbanos informais ao ordenamento territorial urbano e à titulação de seus ocupantes.

Sob esse aspecto, Anderson Vieira e Talden Farias, compreendem a regularização fundiária urbana como um processo administrativo complexo do ponto de vista técnico, jurídico-social e até conceitualmente, de forma que não há proposições estanques e sua definição pode tomar contornos distintos de acordo com o paradigma teórico-metodológico adotado no seu planejamento, caracterizando-se como um conceito em disputa. Para os autores, é possível visualizar procedimentos de REURB planejados e executados sob uma lógica mais legalista-liberal (com foco nos aspectos jurídicos) e outros que tomam formas integradas e funcionais, o que configura a REURB plena ou sustentável. Esta, em termos, é o conjunto de medidas jurídicas, urbanísticas, ambientais e sociais, executadas por meio de uma equipe multidisciplinar, destinadas à incorporação dos núcleos urbanos alternativos/resistentes ao ordenamento territorial urbano e à titulação de seus ocupantes, de modo a garantir o direito social à moradia, o pleno desenvolvimento das funções sociais da propriedade urbana, da posse e da cidade, bem como o direito ao meio ambiente equilibrado e à efetiva participação e emancipação social.

Inclusive, a respeito da importância social da regularização fundiária, cabe destacar o seguinte trecho do acórdão do Supremo Tribunal Federal na ADI nº 4.269, cujo relator foi o Ministro Luiz Edson Fachin:

> (...) 3. Revela-se de importância ímpar a promoção de regularização fundiária nas terras ocupadas de domínio da União na Amazônia Legal, de modo a assegurar a inclusão social das comunidades que ali vivem, por meio da concessão de títulos de propriedade ou concessão de direito real de uso às áreas habitadas, redução da pobreza, acesso aos programas sociais de incentivo à produção sustentável, bem como melhorando as condições de fiscalização ambiental e responsabilização pelas lesões causadas à Floresta Amazônica (...).

A partir da leitura desse dispositivo, é possível identificar duas finalidades imediatas do instituto: 1) Regularização do próprio assentamento com um conjunto de ações urbanísticas para oferecer todos os equipamentos públicos básicos à população; 2) Titulação dos seus ocupantes para conferir-lhes os títulos aquisitivos e possibilitar o gozo total dos direitos relativos à propriedade.

A nova lei, contudo, é mais tímida ao destacar a importância do instituto para a garantia do direito social à moradia, algo que estava expresso no art. 47 da lei revogada. Essa diferença, conforme Arícia Fernandes Correia observa, indica que o novo marco regulatório foca excessivamente no aspecto dominial, priorizando o reconhecimento da propriedade e a titularização em massa.

O §1º do artigo 9º da Lei nº 13.465 elenca os seus princípios norteadores, quais sejam: sustentabilidade econômica, social e ambiental e ordenação territorial. O artigo 10, por sua vez, traz os objetivos almejados pela regularização fundiária urbana:

> Art. 10. Constituem objetivos da Reurb, a serem observados pela União, Estados, Distrito Federal e Municípios:

I – identificar os núcleos urbanos informais que devam ser regularizados, organizá-los e assegurar a prestação de serviços públicos aos seus ocupantes, de modo a melhorar as condições urbanísticas e ambientais em relação à situação de ocupação informal anterior;
II – criar unidades imobiliárias compatíveis com o ordenamento territorial urbano e constituir sobre elas direitos reais em favor dos seus ocupantes;
III – ampliar o acesso à terra urbanizada pela população de baixa renda, de modo a priorizar a permanência dos ocupantes nos próprios núcleos urbanos informais regularizados;
IV – promover a integração social e a geração de emprego e renda;
V – estimular a resolução extrajudicial de conflitos, em reforço à consensualidade e à cooperação entre Estado e sociedade;
VI – garantir o direito social à moradia digna e às condições de vida adequadas;
VII – garantir a efetivação da função social da propriedade;
VIII – ordenar o pleno desenvolvimento das funções sociais da cidade e garantir o bem-estar de seus habitantes;
IX – concretizar o princípio constitucional da eficiência na ocupação e no uso do solo;
X – prevenir e desestimular a formação de novos núcleos urbanos informais;
XI – conceder direitos reais, preferencialmente em nome da mulher;
XII – franquear participação dos interessados nas etapas do processo de regularização fundiária.

Desses princípios e objetivos, pode-se extrair que o processo de regularização fundiária deve ser multidimensional, indo além das garantias jurídicas, abarcando as preocupações ambientais e a estruturação da área, normalmente degradada e carente de serviços públicos nos casos de ocupações irregulares. O instituto tem como foco a solução dos casos na via administrativa, para conferir celeridade ao processo e evitar interferências indevidas do judiciário, por juízes que não têm a mesma capacidade técnica e noção sobre as complexidades que envolvem o processo dos profissionais que atuam junto aos órgãos responsáveis.

A regularização fundiária, em suma, deverá ser plena, não se restringindo apenas ao título de propriedade. Nessa linha, Edésio Fernandes destaca as diferentes ações a serem instituídas para que o objetivo de inclusão social dos assentados seja atingido:

> Para produzirem impacto efetivo sobre a pobreza social, os programas de regularização precisam ser formulados em sintonia com outras

estratégias socioeconômicas e político-institucionais, sobretudo através da criação de oportunidades de emprego e fontes de renda.
Devem ser combinados e apoiados por um conjunto de processos e mecanismos de várias ordens: financeira, institucional, planejamento urbano, políticas de gênero, administração e gestão fundiária, sistemas de informação e processos de mobilização social. Dentre os mecanismos financeiros, devem ser mencionados a criação de fundos (para os pobres e comunitários), empréstimos (bancos do povo e instituições de microcrédito popular), programas de hipoteca comunitários, incentivos ao setor privado, bem como mecanismos de reforma do sistema bancário e financeiro, sobretudo para garantir melhores condições de acesso ao crédito formal.
Já os processos institucionais propostos devem incluir cooperação sistemática entre agências públicas, melhor cooperação intergovernamental, estratégias de descentralização, criação de parcerias entre o setor público e o setor privado, participação comunitária, capacitação administrativa e fiscal, bem como a ação de consultores comunitários e de acadêmicos.
De fundamental importância é promover o reconhecimento dos assentamentos informais pelo sistema geral de planejamento. Além disso, é preciso promover a revisão das regulações urbanísticas e dos parâmetros construtivos, bem como, no contexto mais amplo do sistema de planejamento urbano, a exploração dos chamados "ganhos do planejamento", como a transferência e a outorga onerosa do direito de construir.

Existem duas modalidades básicas de regularização fundiária: 1) Interesse social (Reurb-S), aplicável a núcleos urbanos informais ocupados predominantemente por população de baixa renda, observado o disposto em ato do Poder Executivo Municipal; 2) Interesse específico (Reurb-E), destinado aos demais casos em que seja necessário reorganizar uma área residencial ou atribuir a titulação aos ocupantes de imóveis que não estão devidamente regularizados junto ao município por qualquer função. A regularização fundiária de interesse específico, desde a legislação anterior, tem caráter subsidiário, assim, o Poder Público e os demais atores sociais devem atentar para o enquadramento, ou não, da área a ser regularizada, para aplicar as normas relativas às intervenções de interesse social. Ainda é possível verificar a regularização fundiária urbana inominada também chamada de Reurb-I, entretanto, em que pese grande parte da doutrina tratar a Reurb-I como uma modalidade secundária em relação à Reurb-S e Reurb-E, a rigor, ela se caracteriza como um rito de procedimento, e não uma terceira modalidade de Reurb.

Definir a modalidade de regularização é importante para estipular os responsáveis pela implantação ou adequação das obras de infraestrutura essencial e para o reconhecimento do direito à gratuidade das custas e emolumentos notariais e registrais em favor daqueles a quem for atribuído o domínio das unidades imobiliárias regularizadas (artigo 13, §5º).

Registre-se o Provimento nº 44, de 18 de março de 2015, da Corregedoria Nacional de Justiça, que estabelece normas gerais para o registro da regularização fundiária urbana, cujo artigo 30 dispõe que: "Não serão cobradas custas e emolumentos para os atos de registro decorrentes de regularização fundiária de interesse social a cargo da administração pública".

O artigo 11º traz, nos incisos II, III e VIII, o conceito dos elementos centrais da classificação da regularização fundiária como de interesse social:

> Art. 11º Para fins desta Lei, consideram-se:
> II – núcleos urbanos informais – os II – núcleo urbano informal: aquele clandestino, irregular ou no qual não foi possível realizar, por qualquer modo, a titulação de seus ocupantes, ainda que atendida a legislação vigente à época de sua implantação ou regularização;
> III – núcleo urbano informal consolidado: aquele de difícil reversão, considerados o tempo da ocupação, a natureza das edificações, a localização das vias de circulação e a presença de equipamentos públicos, entre outras circunstâncias a serem avaliadas pelo Município;
> VIII – ocupante: aquele que mantenha poder de fato sobre lote ou fração ideal de terras públicas ou privadas em núcleos urbanos informais.

Dessa forma, resta apontar os parâmetros, que serão indicados pelo Poder Executivo Municipal, para identificar os assentados que possuem baixa renda. Sobre esse ponto, é imperioso que os responsáveis pela elaboração do referido ato observem as disparidades nos custos de vida/habitação das diferentes cidades brasileiras e atentem para a realidade social do seu município, visto que não seria isonômico aplicar a mesma faixa de renda para assentados em São Paulo ou no Rio de Janeiro e outras cidades de menor porte, com valores menores para terra urbana. O Decreto nº 9.310, de 15 de março de 2018, que institui as normas gerais e os procedimentos aplicáveis à Regularização Fundiária Urbana, estabelece, no parágrafo único do seu artigo 6º, que a renda familiar máxima indicada pelo Poder Público Municipal ou Distrital para definição de população de baixa renda não poderá ser superior ao quíntuplo do salário mínimo vigente no País.

Um dos grandes trunfos do instituto da Regularização Fundiária é a possibilidade de promover o direito à moradia com a superação de alguns aspectos rígidos da lei civil e até ambiental. Nesses casos, temos a regularização fundiária sustentável, que possui, entre outras exigências, a análise dos órgãos ambientais e o estudo técnico específico, sem a necessidade de interferência do Poder Judiciário. O processo de regularização fundiária precisa do apoio do município (um estado ou a União também pode conduzi-lo ou prestar auxílio), de tal forma que a opção por iniciar esse processo dependeria de vontade política e abarcaria um certo nível de discricionariedade. Contudo, em se tratando de um direito fundamental como o da moradia, o Poder Judiciário poderia impor a realização de regularização fundiária, aproximando o instituto a um nível de direito subjetivo do ocupante?

Nesta linha de discussão, é pertinente destacar a seguinte decisão do Tribunal de Justiça do Distrito Federal e Territórios:

> APELAÇÃO. AÇÃO REIVINDICATÓRIA. TERRACAP. TAC. REGULARIZAÇÃO FUNDIÁRIA. MANUTENÇÃO DOS OCUPANTES DO IMÓVEL.
> 1. A Terracap – Companhia Imobiliária de Brasília firmou, juntamente com o Distrito Federal, o Instituto do Meio Ambiente e dos Recursos Hídricos do DF e o MPDFT, o TAC – Termo de Ajustamento de Conduta nº 002/2007, datado de 30.05.2007, que estipula as formas e condições para a regularização de ocupações irregulares no Distrito Federal.
> 2. Constitui uma das diretrizes gerais da política urbana (CF, 182 e 183), a justa distribuição dos benefícios e ônus decorrentes do processo de urbanização (Estatuto das Cidades, 20, IX).
> 3. A inviolabilidade do direito à propriedade deve ser dimensionada em harmonia com o princípio, também constitucional, da sua função social.
> 4. Deu-se parcial provimento ao apelo da ré, a fim de mantê-la no imóvel que ocupa, vedada a imissão da Terracap na sua posse, até a definição sobre a regularização da área.

Nesse caso, uma moradora interpôs embargos de terceiro em ação de imissão na posse proposta pela Terracap, empresa responsável pela construção de um conjunto habitacional na área pública em que estava localizada a embargante. Esta alegou que o imóvel que ocupa seria passível de regularização, motivo pelo qual nele deveria ser mantida, não obstante a ausência de títulos que lhe garantiriam a propriedade.

A empresa reconheceu que o imóvel era passível de regularização, mas aduziu que a possibilidade de regularização não gera direito algum sobre o imóvel, apenas mera expectativa de direito, o que não afasta os direitos de propriedade da Terracap sobre o bem.

O Tribunal, à luz do princípio da dignidade da pessoa humana e da função social da propriedade, concedeu o direito de manutenção da embargante na ocupação do imóvel, dele só podendo ser retirada caso não fossem cumpridos os requisitos necessários à regularização fundiária do imóvel, após processo administrativo próprio, garantindo-lhe, também, o direito de retenção por benfeitorias úteis e necessárias. A referida decisão foi confirmada no Superior tribunal de Justiça (AgRg no Recurso Especial nº 1.299.423 – DF) e no Supremo Tribunal Federal (Recurso Extraordinário com Agravo nº 786.711).

A decisão foi acertada. O Poder Executivo é quem tem o dever de averiguar a viabilidade e conduzir a regularização fundiária, todavia, a ocupante tem o direito subjetivo de ter um processo administrativo para examinar a possibilidade de aplicação do instituto, bem como o direito de ser protegida contra remoções forçadas sem a garantia de outro local onde possa gozar seu direito à moradia. Não se trata, aqui, de invasão da esfera de competência do Poder Executivo pelo Poder Judiciário, aquele é apenas compelido a cumprir o seu papel constitucional. A jurisprudência do Supremo Tribunal Federal também afirma a constitucionalidade de decisões que impõem a implementação de políticas públicas para garantia de direitos fundamentais.

O Tribunal de Justiça do Rio de Janeiro, diante da inércia dos órgãos públicos, já concedeu tutela de urgência para impor, sob pena de multa, ações para viabilizar processo de regularização fundiária:

> AGRAVOS DE INSTRUMENTO. AÇÃO CIVIL PÚBLICA. DEFERIMENTO DE TUTELA DE URGÊNCIA, DETERMINANDO AO ESTADO DO RIO DE JANEIRO E AO INSTITUTO ESTADUAL DE TERRAS E CARTOGRAFIA – ITERJ A PROMOÇÃO DOS ATOS NECESSÁRIOS AO PROSSEGUIMENTO DA REGULARIZAÇÃO FUNDIÁRIA DA COMUNIDADE "MEIO DA SERRA", BEM COMO, AO MUNICÍPIO DE PETRÓPOLIS, A APRESENTAÇÃO DOS PROJETOS URBANÍSTICOS RELATIVOS À REFERIDA COMUNIDADE, CONTRATADOS JUNTOS À ENGEPRAT, ATRAVÉS DO PROGRAMA DE ACELERAÇÃO DE CRESCIMENTO (PAC DO ALTO DA SERRA), AMBAS NO PRAZO DE 180 DIAS, SOB PENA DE MULTA DIÁRIA DE R$5.000,00. IRRESIGNAÇÕES. POSSIBILIDADE DE CONCESSÃO DE TUTELA PROVISÓRIA DE NATUREZA ANTECIPADA, SEM PRÉVIA AUDIÊNCIA DA PARTE, QUANDO INEQUÍVOCA A PRESENÇA DE SEUS REQUISITOS

AUTORIZADORES. ELEMENTOS CONSTANTES DE INQUÉRITO CIVIL QUE INDICAM A OCUPAÇÃO IRREGULAR DESORDENADA DE VÁRIAS FAMÍLIAS EM ÁREA DE PRESERVAÇÃO AMBIENTAL E A NECESSIDADE DE RETOMADA DO PROCESSO ADMINISTRATIVO DE REGULARIZAÇÃO FUNDIÁRIA, PARALISADO NA AUTARQUIA AGRAVANTE POR FALTA DE RECURSOS. DEVER COMUM DOS MUNICÍPIOS, DO ESTADO E SUAS AUTARQUIAS, NOTADAMENTE POR ABRANGER A LOCALIDADE ÁREAS DE PETRÓPOLIS E MAGÉ. POSSIBILIDADE DE INTERVENÇÃO DO PODER JUDICIÁRIO PARA IMPOR AOS ENTES FEDERATIVOS OBRIGAÇÃO DE FAZER, COM O FITO DE PRESERVAR O MEIO AMBIENTE E EVITAR SITUAÇÃO DE RISCO, SEM QUE TAL MEDIDA IMPLIQUE EM INDEVIDA INTERVENÇÃO NO MÉRITO ADMINISTRATIVO (...).

O Tribunal de Justiça de São Paulo, por sua vez, já se pronunciou no sentido de permitir a suspensão do cumprimento da sentença para que, mesmo após o trânsito em julgado de decisão que determinava a demolição das habitações, os ocupantes tivessem a oportunidade de pleitear a regularização fundiária. O fundamento para tal encontra-se no art. 31, §8º, da Lei Federal nº 13.465/2017.

> Agravo de instrumento – Cumprimento de sentença em ação civil pública – Loteamento irregular – Determinação de Loteamento "Recanto da Espuma" – Superveniência da Lei nº 13.465/2017, em data anterior ao trânsito em julgado – Alegação de regularização do loteamento – Decisão agravada que considerou impossível a regularização em razão da coisa julgada – *Determinação de suspensão do cumprimento de sentença para análise da regularidade do processo de regularização fundiária, com observância da legislação pertinente* – Possibilidade, nos termos do parecer da D. Procuradoria Geral de Justiça – Recurso parcialmente provido. (Grifo nosso).

Nesse caso, o Ministério Público de São Paulo logrou êxito em ação para desfazer o loteamento "Recanto da Espuma", localizado em Área de Preservação Permanente no Município de São José do Rio Pardo, bem como para condenar os réus ao pagamento de indenização por danos urbanísticos e ambientais. Ocorre que os réus poderiam ter se beneficiado por um processo de regularização fundiária na comunidade, mas a prefeitura indeferiu o pedido em razão da sentença transitada em julgado, que determinou o desfazimento do loteamento. O Tribunal refutou o entendimento do Ministério Público e do juiz de 1º grau da impossibilidade de regularização do loteamento em razão da existência de sentença transitada em julgado e determinou a suspensão do cumprimento de sentença para análise da regularidade do processo de regularização fundiária.

A regularização fundiária é um valioso instrumento para combater a crise habitacional, contudo, ela exige grandes recursos, tendo em vista não se restringir à mera regularização cartorária, mas devendo ser integrada a um projeto urbanístico que garanta um local onde os serviços públicos essenciais estejam disponíveis e saudáveis, do ponto de vista ambiental. Para que questões orçamentárias não se tornem uma barreira intransponível para efetivação de projetos de regularização, os municípios e os demais entes federados podem firmar convênios ou outros instrumentos congêneres com o Ministério do Desenvolvimento Regional, para cooperar com a execução da lei (art. 29).

O estado de São Paulo instituiu, em 2007, o programa "Cidade Legal", com o objetivo de implementar, agilizar e desburocratizar as ações e os processos de regularizações fundiárias de núcleos habitacionais. Através de uma parceria com a Secretaria de Estado da Habitação, o Estado oferece apoio técnico e logístico para as prefeituras realizarem seus projetos de regularização fundiária. Trata-se de uma preciosa política pública que confere aos municípios, principalmente àqueles de pequeno porte e sem corpo técnico para conduzir complexos processos urbanísticos, a possibilidade de aplicar o instituto da regularização fundiária, devendo, portanto, servir de exemplo para os demais estados.

Nos primeiros cinco anos, o programa "Cidade Legal" regularizou 766 núcleos habitacionais, beneficiando mais de 118.442 famílias – 439 municípios foram conveniados ao programa, com cerca de 11,3 mil núcleos cadastrados, podendo beneficiar cerca de 2,2 milhões de famílias, com uma população estimada de 9.3 milhões de pessoas.

3.4 Procedimento administrativo de regularização fundiária

O art. 28 da Lei nº 13.465 indica que o procedimento de regularização fundiária obedecerá a sete fases: I – requerimento dos legitimados; II – processamento administrativo do requerimento, no qual será conferido prazo para manifestação dos titulares de direitos reais sobre o imóvel e também dos confrontantes; III – elaboração do projeto de regularização fundiária; IV – saneamento do processo administrativo; V – decisão da autoridade competente, mediante ato formal, ao qual se dará publicidade; VI – expedição da CRF (Certidão de Regularização Fundiária) pelo Município; e VII – registro da CRF e do projeto de regularização fundiária aprovado perante o oficial do cartório de registro de imóveis em que se situe a unidade imobiliária com destinação urbana regularizada.

Cada município poderá editar lei específica que trate de medidas ou posturas de interesse local aplicáveis aos seus projetos de Reurb, mas ela não é imprescindível para executar projetos (art. 28, Parágrafo único).

Arthur Rios esclarece que um único beneficiário em potencial poderá iniciar um processo de regularização fundiária ou pleitear um estudo para averiguar sua viabilidade no município, contudo, ele não pode requerer apenas a regularização do seu imóvel, o pedido deve abarcar, também, o núcleo urbano informal ao qual ele está inserido. Seria inconcebível movimentar toda a máquina pública e destinar recursos financeiros para implementar um projeto para um único imóvel e deixar os demais imóveis sem a devida titulação e infraestrutura urbanística. Os demais legitimados a darem início ao processo, conforme prevê o artigo 14 da Lei nº 13.465, são: a União; os Estados; o Distrito Federal e os Municípios, diretamente ou por meio de entidades da administração pública indireta; cooperativas habitacionais; associações de moradores; fundações; organizações sociais; organizações da sociedade civil de interesse público ou outras associações civis que tenham por finalidade atividades nas áreas de desenvolvimento urbano ou regularização fundiária urbana; os proprietários, loteadores ou incorporadores; a Defensoria Pública, em nome dos beneficiários hipossuficientes; e o Ministério Público.

O Ministério Público, mesmo sem constar no rol da Lei nº 11.977/2009, já tinha legitimidade reconhecida pelo Poder Judiciário para impulsionar processos de regularização fundiária. O Tribunal de Justiça de São Paulo decidiu neste sentido:

> RECURSOS DE APELAÇÃO EM EMBARGOS DE TERCEIRO EM AÇÃO CIVIL PÚBLICA. MEIO AMBIENTE. LEGITIMIDADE DO MINISTÉRIO PÚBLICO PARA REGULARIZAÇÃO FUNDIÁRIA. O Ministério Público é parte legítima para pleitear em juízo a regularização de área irregularmente ocupada. Esta legitimação decorre dos seus fins institucionais. Proteção à área de preservação ambiental e do direito urbanístico. Inexistência de qualquer indício nos autos de que o apelante exerça posse de imóvel discutido nos autos de Ação Civil Pública. Embargos improcedentes. Precedentes da mesma área. Deferimento dos benefícios da Justiça gratuita, que prejudica a análise do mérito recursal

fazendário. Sentença mantida. Aplicação do art. 252 do Regimento Interno deste E. Tribunal de Justiça. Recurso do particular desprovido e recurso fazendário prejudicado.

No referido julgado, um particular questionou, judicialmente, a legitimidade do Ministério Público para ingressar com ação de regularização fundiária, requerendo, por conseguinte, a suspensão da execução do termo de acordo firmado nos autos da Ação Civil Pública que deu origem à intervenção urbanística. O judiciário paulista, corretamente negou o pleito do particular, uma vez que proteger direitos sociais e questões urbanísticas são deveres institucionais do Ministério Público, sendo prescindível a existência de conflito ambiental para justificar o seu interesse e, consequentemente, legitimidade para atuar nesses casos.

Nos casos de parcelamento do solo, de conjunto habitacional ou de condomínio informal, empreendidos por particular, a conclusão da Reurb confere direito de regresso àqueles que suportarem os seus custos e obrigações contra os responsáveis pela implantação dos núcleos urbanos informais (art. 14 §2º). O requerimento de instauração da Reurb, por proprietários de terreno, loteadores e incorporadores que tenham dado causa à formação de núcleos urbanos informais, ou os seus sucessores, não os eximirá de responsabilidade administrativa, civil ou criminal (art. 14 §3º).

A complexidade do processo de Regularização Fundiária com suas múltiplas variáveis pode se tornar um entrave para sua realização, principalmente se os beneficiários não compreenderem suas etapas e como devem proceder em cada uma delas, motivo pelo qual é necessária a manutenção de estruturas que permitam a efetiva participação popular emancipadora antes, durante e após a implementação dos projetos de Reurb. Dessa forma, a assistência técnica assegurada pela Lei Federal nº 11.888/2008 às famílias de baixa renda deve ser a mais ampla possível, não se restringindo à elaboração de projetos e estudos, mas se preocupando, também, em integrar a comunidade nas discussões e no desenvolvimento do plano de regularização.

O artigo 4º da referida lei dispõe que os serviços de assistência técnica devem ser prestados por profissionais das áreas de arquitetura, urbanismo e engenharia. O dispositivo não é taxativo, havendo a necessidade de contribuição de outras áreas como antropólogos e geólogos, que podem ser convocados sem precisar onerar os beneficiários. Contudo, a lei já poderia ter incorporado, de forma expressa, a assistência jurídica, por ser ela essencial durante todo o processo. Inicialmente, deve-se avaliar se os moradores cumprem certos requisitos legais para participar do programa de regularização fundiária. A obtenção do registro da propriedade (elemento que traz segurança jurídica ao morador e a possibilidade de exercer vários direitos antes negligenciados) demanda uma série de documentos e trâmites burocráticos, seja nos cartórios ou no Poder Judiciário, muitas vezes incompreensíveis para os ocupantes com menor grau de instrução. Ademais, a legislação inclui nos objetivos da assistência técnica: "propiciar e qualificar a ocupação do sítio urbano em consonância com a legislação urbanística e ambiental" (artigo 2º, inciso IV).

A nossa Constituição Federal consagrou a Defensoria Pública como instituição permanente, essencial à função jurisdicional do Estado, incumbindo-lhe, como expressão e instrumento do regime democrático, fundamentalmente, a orientação jurídica, a promoção dos direitos humanos e a defesa dos direitos individuais e coletivos, de forma integral e gratuita. Dessa forma, as defensorias públicas estaduais ou da União devem, preferencialmente, acompanhar o processo atuando junto aos demais órgãos públicos, a fim de resguardar os direitos dos moradores que, via de regra, não têm condições de confrontar possíveis abusos vindos do Poder Público e de empresas privadas interessadas na localidade em iguais condições, além de fornecer as orientações legais, muitas vezes incompreensíveis até para profissionais do Direito não habituados a tratar com a temática, de modo a engajar a comunidade no processo e viabilizar a sua conclusão, sem retirar os direitos dos ocupantes.

Infelizmente, as defensorias públicas no Brasil ainda não estão bem estruturadas, forçando outros agentes a exercer um papel central quando, no ideal, deveria ser apenas complementar. Todavia, a Defensoria Pública do Estado de São Paulo oferece um exemplo de atuação louvável com o seu Núcleo Especializado de Habitação e Urbanismo, que tem se destacado ao acompanhar diversos processos de regularização fundiária e demais casos de proteção ao direito à moradia.

No Estado de São Paulo, uma experiência articulada a partir de discussões com o Poder Judiciário e a promotoria pública local provou ser exitosa. Foi criada uma metodologia de "kits judiciais" no plano de regularização fundiária no bairro Jaguary, que fica no município de Amparo-SP, para viabilizar o cumprimento dos requisitos legais para o reconhecimento do direito do possuidor à titularidade do imóvel, conferindo ao ocupante a possibilidade de, coletivamente ou de modo individual, realizar o pedido. Os "kits judiciais" entregues aos ocupantes continham: 1) Caracterização do possuidor e do imóvel; 2) Cópias dos documentos coletados (pessoais e da residência); 3) Histórico do loteamento; 4) Carta de anuência da prefeitura do município de Amparo; 5) Carta de anuência dos confrontantes (declarações que reconheciam o interessado como possuidor do imóvel); 6) Memorial descritivo do lote; 7) Planta cadastral do lote; 8) Cópia da legislação municipal e 9) Cópia das Anotações de Responsabilidade Técnica (ARTs) dos engenheiros agrimensores responsáveis pelo levantamento planialtimétrico realizado na área.

Urbanistas que atuaram no processo constataram que os "kits judiciais" são uma ferramenta valiosa para sistematizar os levantamentos cadastrais realizados e instigar a participação ativa da população local nas diversas etapas do processo de regularização fundiária e na elaboração e ajuizamento dos processos de regularização fundiária, independentemente da modalidade de usucapião escolhida. Essa metodologia deve ser replicada em outras experiências de regularização fundiária, por ter o condão de quebrar barreiras burocráticas e auxiliar o engajamento da população local.

Outra ação que colheu bons frutos foi aplicada na Regularização Fundiária do Jardim Curitiba, em Goiânia. A Agência Goiana de Habitação – AGEHAB divulgou um Jornal Comunitário na comunidade com esclarecimentos, entrevistas sobre o processo de regularização fundiária na região, informações sobre obras, bem como relatos de moradores de outros bairros que já haviam sido beneficiados. Também foi distribuída uma cartilha impressa, contendo uma história em quadrinhos cujo personagem principal visa a engajar os moradores a entenderem e participarem do processo de regularização fundiária. A utilização desses meios de comunicação a serviço dos interesses sociais possibilitou a participação dos moradores como protagonistas do processo, tal como toda REURB deve ser, com vistas a maximizar seus benefícios e alcançar seus objetivos.

Após o requerimento de um dos legitimados, o Município poderá instaurar o processo administrativo de regularização ou indeferir o pedido. Nesse caso, o Município deverá, quando for o caso, indicar as medidas a serem adotadas, com vistas à reformulação e à reavaliação do requerimento. Nesse quadro, salienta-se que o indeferimento do pedido de Reurb só é cabível nos casos de existência de risco não mitigável na área de intervenção; ocupação recente não consolidada ou reversível; e área de segurança nacional. Registre-se o artigo 31, §8º, da lei, que já confere aos ocupantes proteção legal após o requerimento dos legitimados:

> §8º O requerimento de instauração da Reurb ou, na forma de regulamento, a manifestação de interesse nesse sentido por parte de qualquer dos legitimados *garante, perante o poder público aos ocupantes dos núcleos urbanos informais situados em áreas públicas a serem regularizados, a permanência em suas respectivas unidades imobiliárias, preservando-se as situações de fato já existentes, até o eventual arquivamento definitivo do procedimento.*

A regularização fundiária urbana não está condicionada à existência de ZEIS – Zonas Especiais de Interesse Social (artigo 18, §2º), contudo, a instituição dessas áreas pelo plano diretor ou legislação municipal pode ser um instrumento estratégico para destinar áreas para habitação social e frear a especulação imobiliária na região. Além disso, o debate sobre a criação de ZEIS pela Câmara Municipal facilita o controle social das políticas públicas de habitação e ordenamento do solo urbano.

O próximo passo é determinar a titularidade do domínio dos imóveis onde está situado o núcleo urbano informal a ser regularizado, com notificação, inclusive por edital (se for o caso), aos proprietários, confinantes e terceiros eventualmente interessados. Essa etapa será dispensada quando os procedimentos de demarcação urbanística já tiverem sido adotados anteriormente. Conforme definição contida no artigo 11, IV, da Lei nº 13.465, a demarcação urbanística consiste no procedimento destinado a identificar os imóveis públicos e privados abrangidos pelo núcleo urbano informal e a obter a anuência dos respectivos titulares de direitos inscritos na matrícula dos imóveis ocupados, culminando com averbação na matrícula destes imóveis, da viabilidade da regularização fundiária, a ser promovida a critério do Município. Ou seja, a dispensa se justifica porque já foi realizada a identificação da titularidade do domínio dos imóveis.

Não sendo esse o caso, o Município, tratando-se de imóveis públicos ou privados, deverá notificar os titulares de domínio, os responsáveis pela implantação do núcleo urbano informal, os confinantes e os terceiros eventualmente interessados, para, querendo, apresentar impugnação no prazo de trinta dias (art. 31, §1º). A ausência de manifestação será interpretada como concordância com a Reurb (art. 31, §6º).

Havendo impugnação por parte de uma das pessoas citadas anteriormente, será iniciado o procedimento extrajudicial de composição de conflitos (art. 31, §3º). A Lei nº 13.465 segue a tendência do modelo de justiça multiportas, consagrado pelo Novo Código de Processo Civil, buscando soluções para conflitos fora do Poder Judiciário, alcançando respostas mais céleres e mais adequadas a partir da participação das partes na formulação dos acordos. A lei, inclusive, prevê que os Municípios poderão criar câmaras de prevenção e resolução administrativa de conflitos, no âmbito da administração local, podendo celebrar convênios com os Tribunais de Justiça estaduais, as quais deterão competência para dirimir conflitos relacionados à Reurb, mediante solução consensual (art. 34). O §4º do art. 21, dentro da seção destinada à regulação da demarcação urbanística, ainda traz a possibilidade de utilizar a arbitragem quando a mediação não conseguir resolver a impugnação apresentada. A partir de uma interpretação sistemática, pode-se aplicar esse dispositivo para os demais casos onde interessados apresentam impugnações e a mediação não for capaz de resolver a controvérsia.

Em seguida, um projeto de regularização fundiária deverá ser elaborado descrevendo quais áreas serão abarcadas, medida necessária para adequar a infraestrutura básica e, principalmente, indicar soluções e propostas para a promoção da sustentabilidade urbanística, social e ambiental da área ocupada, incluindo as eventuais compensações urbanísticas e ambientais previstas em lei.

A Lei nº 14.118/2021, decorrente da conversão em lei da Medida Provisória nº 996, de 2020, instituiu o Programa Casa Verde e Amarela e alterou o artigo 33 do marco legal da regularização fundiária. Esse dispositivo dispõe que, na Reurb-S, caberão ao município ou ao Distrito Federal a responsabilidade de elaborar e custear o projeto de regularização fundiária e a implantação da infraestrutura essencial, quando necessária, ao passo que, na Reurb-E, ela será contratada e custeada por seus potenciais beneficiários ou requerentes privados. A legislação ainda permite que o município, caso haja interesse público, proceda com a elaboração e o custeio do projeto de regularização fundiária e da implantação da infraestrutura essencial, com posterior cobrança aos seus beneficiários na Reurb-E sobre áreas públicas.

A nova lei também acresceu o §2º ao artigo 33 para prever que, na Reurb-S, fica facultado aos legitimados promover, às suas expensas, os projetos e os demais documentos técnicos necessários à regularização de seu imóvel. O que parece, a princípio, ser um dispositivo inofensivo para a população mais humilde, beneficiária dos processos de Reurb-S, pode representar uma distorção na lógica de proteção e garantia do direito à moradia por parte do Estado, ao ponto de deixar de destinar recursos para regularização fundiária e apresentar àqueles que esperam pelo processo uma alternativa onerosa, muitas vezes inviável, podendo representar uma forma do Poder Público se esquivar das suas obrigações para promoção do acesso à moradia. Além disso, o texto da Lei nº

14.118/2021 prevê a possibilidade de alocação de recursos para programas de regularização fundiária; contudo, essa ajuda econômica pode estar condicionada à contrapartida do beneficiário sob a forma de participação pecuniária para complementação do valor de investimento da operação ou para retorno total ou parcial dos recursos aportados pelo Programa Casa Verde e Amarela. Destarte, os beneficiários humildes podem ter de se endividar e comprometer parte do seu orçamento para obter um direito básico, que deveria ser provido pelo Estado. Demais, cumpre apontar o valor vil previsto no Decreto nº 10.600/2021, que regulamenta a lei citada, para a regularização fundiária urbana.

Os artigos 35 e 36 trazem, respectivamente, o conteúdo mínimo do projeto de regularização fundiária e do projeto urbanístico de regularização fundiária.

Deve-se levar em consideração o propósito do instituto de resguardar os direitos básicos dos moradores humildes que ocuparam irregularmente aquela área, que por ter sido ignorada pelo mercado imobiliário, muito provavelmente, terá dificuldades para atender a todos os critérios estabelecidos na lei (ex.: esgotamento sanitário, abastecimento de água potável, limpeza urbana, coleta e manejo de resíduos sólidos). Por conseguinte, seguindo orientação de Venício Salles, as exigências legais devem ser avaliadas com certa carga de razoabilidade e flexibilização, a fim de que detalhes não obstruam por completo a aplicação do instituto. Arícia Fernandes Correia alerta que pode ocorrer uma distorção na lógica do planejamento urbano, caso os processos de regularização fiquem mais atrativos e menos onerosos que o licenciamento para parcelar, desmembrar e construir. Todavia, em qualquer caso, principalmente quando alguns critérios forem flexibilizados, deve existir uma contrapartida para compensar os danos urbanísticos e ambientais decorrentes do projeto e possibilitar, assim, a obtenção do licenciamento ambiental e urbanístico.

O Município poderá admitir, inclusive, o uso misto de atividades como forma de promover a integração social e a geração de emprego e renda no núcleo urbano informal regularizado (artigo 13, §4º). Não é raro nos depararmos com núcleos urbanos composto por milhares de famílias. Essa aglomeração de pessoas gera uma necessidade de serviços e consumo de bens, seria, pois, contraproducente exigir que uma vasta área tenha apenas habitações.

O levantamento topográfico do núcleo urbano informal é um elemento importante para viabilizar a Reurb, mas também pode constituir uma das maiores despesas de todo o processo. A escassez de recursos financeiros para políticas públicas habitacionais pode levar à estagnação de vários projetos. Para driblar essa realidade, Carolina Jabour França destaca que alguns municípios têm estimulado que as próprias associações de moradores providenciem a topografia da sua localidade, além de sugerir a utilização de drones que, em determinados casos, podem ser uma solução viável e mais econômica.

A Lei nº 13.465 não faz menção à necessidade de licenciamento ambiental ou urbanístico para proceder com a regularização fundiária. A ausência de licenciamento seria inadmissível, contudo, ele deve ser considerado como parte integrante do projeto de regularização, tal como determinava a Lei nº 11.977, já revogada:

> Art. 53. A regularização fundiária de interesse social depende da análise e da aprovação pelo Município do projeto de que trata o art. 51.
> Parágrafo único. A aprovação municipal prevista no caput corresponde ao licenciamento ambiental e urbanístico do projeto de regularização fundiária de interesse social, desde que o Município tenha conselho de meio ambiente e órgão ambiental capacitado.
> §2º Para efeito do disposto no §1º, considera-se órgão ambiental capacitado o órgão municipal que possua em seus quadros ou à sua disposição profissionais com atribuição para análise do projeto e decisão sobre o licenciamento ambiental.

Mesmo assim, o resgate da lei revogada não é imprescindível para justificar a exigência de licenciamento, já que ela pode ser automaticamente exigida a partir de três pontos destacados sobre a relevância do licenciamento: 1) trata-se de um instrumento basilar da gestão ambiental para controle das atividades potencialmente degradantes, certificando que a obra/empreendimento não compromete o direito fundamental coletivo a um meio ambiente ecologicamente saudável; 2) oferece proteção ao cidadão contra decisões administrativas fundadas primordialmente em interesses políticos que desconsiderem a preservação do meio ambiente; 3) o fato de a obra ser pública não retira nem mesmo diminui a necessidade de realizar os licenciamentos urbanístico e ambiental.

O que nunca se deve perder de vista é que, nos assentamentos irregulares com pessoas de baixa renda, os problemas são variados, intensos, multifacetados e concentrados, portanto, qualquer ação só será bem-sucedida se for aplicada com um olhar transdisciplinar para a realidade local. Não existem dois projetos de regularização iguais, já que cada ocupação tem características topográficas, particularidades e problemas logísticos e sociais diferentes. Logo, os processos devem seguir três diretrizes básicas: integração interventiva, participação dos beneficiários e planejamento prévio.

A autoridade competente para o processamento administrativo, ao final, irá: I – indicar as intervenções a serem executadas, se for o caso, conforme o projeto de regularização fundiária aprovado; II – aprovar o projeto de regularização fundiária, resultante do processo de regularização fundiária; e III – identificar e declarar os ocupantes de cada unidade imobiliária com destinação urbana regularizada, bem como os seus respectivos direitos reais (art. 40).

Conforme o art. 12 da Lei nº 13.465, a aprovação do projeto de regularização fundiária corresponde à aprovação urbanística do projeto de regularização fundiária, bem como à aprovação ambiental, se o Município tiver órgão ambiental capacitado.

O ato administrativo de aprovação da regularização que deverá estar acompanhado da Certidão de Regularização Fundiária (CRF) expedida pelo Município que tem a natureza de título executivo extrajudicial. Na CRF constará: I – o nome do núcleo urbano regularizado; II – a localização; III – a modalidade de regularização; IV – as responsabilidades das obras e serviços constantes do cronograma; V – a indicação numérica de cada unidade regularizada, quando houver; VI – a listagem com os nomes dos ocupantes que houverem adquirido a respectiva unidade, por título de legitimação fundiária ou mediante ato único de registro, bem como o estado civil, a profissão, o número de inscrição no cadastro das pessoas físicas do Ministério da Fazenda e do registro geral da cédula de identidade, bem como a filiação (art. 41).

Em seguida, a Certidão de Regularização Fundiária e o projeto de regularização fundiária deverão ser registrados em cartório. O oficial do cartório de imóveis deverá praticar, no prazo de quinze dias, os atos tendentes ao registro.

O art. 15 da Lei nº 13.465 traz um rol não exaustivo com vários institutos jurídicos que podem ser utilizados para realizar a regularização fundiária urbana, a saber: a usucapião; a arrecadação de bem vago; a desapropriação por interesse social; a concessão de uso especial para fins de moradia; a doação, entre outros. Entre os instrumentos elencados no referido artigo, dois deles, a legitimação fundiária e a legitimação da posse, assumem uma posição de destaque.

A legitimação fundiária é um instrumento jurídico urbanístico de aquisição originária da propriedade, conferido por ato do poder público, exclusivamente no âmbito da Reurb, àquele que detiver em área pública ou possuir em área privada, como sua, unidade imobiliária com destinação urbana, integrante de núcleo urbano informal consolidado existente em 22 de dezembro de 2016 (art. 23).

Quanto aos requisitos para concessão da legitimação fundiária, tem-se um tratamento diferenciado quando se tratar de Reurb-S e quando o instrumento for utilizado no âmbito da Reurb-E. Na Reurb-S, o potencial beneficiário deverá atender os seguintes critérios estabelecidos no artigo 23 da lei de regularização fundiária: I – não ser concessionário, foreiro ou proprietário exclusivo de imóvel urbano ou rural; II – não ter sido contemplado com legitimação de posse ou fundiária de imóvel urbano com a mesma finalidade, ainda que situado em núcleo urbano distinto; e III – em caso de imóvel urbano com finalidade não residencial, seja reconhecido pelo poder público o interesse público de sua ocupação. Nos casos de Reurb-E, a Lei Geral de Regularização Fundiária não previu requisitos rígidos, o que pode incentivar a reprodução de quadros de uma informalidade de "luxo" tutelada pelo Estado, além de reproduzir, em alguma medida, uma ótica de criminalização de ocupações urbanas informais constituídas por pessoas de baixa renda.

A legitimação da posse, por sua vez, não é aplicável aos imóveis urbanos situados em área de titularidade do poder público (art. 25, §2º). Ele constitui ato do poder público destinado a conferir título, por meio do qual fica reconhecida a posse de imóvel objeto da regularização fundiária urbana, com a identificação de seus ocupantes, do tempo da ocupação e da natureza da posse, o qual é conversível em direito real de propriedade.

O art. 26 da lei prevê que haverá a conversão automática, independentemente de prévia provocação ou prática de ato registral, em título de propriedade, após cinco anos, quando atendidos os requisitos do art. 183 da Constituição Federal. Caso esse não seja o caso, o título de legitimação de posse poderá ser convertido em título de propriedade, mediante requerimento do interessado perante o registro de imóveis competente, quando satisfeitos os requisitos de usucapião estabelecidos na lei civil (art. 26, §1º).

Todavia, conforme o art. 27, existe a possibilidade de o Poder Público cancelar o título de legitimação de posse quando as condições estipuladas deixarem de ser atendidas. Nesse ponto, destacamos os comentários de Flávio Tartuce:

Quanto ao cancelamento do título da legitimação de posse pelo Poder Público, esse poderá ocorrer quando constatado que as condições estipuladas na nova lei deixarem de ser satisfeitas, sem que seja devida qualquer indenização àquele que irregularmente se beneficiou do instrumento (art. 27 da Lei nº 13.465/2017). Como visto, a Lei Minha Casa, Minha Vida estabelecia que a legitimação da posse seria extinta pelo Poder Público quando constatado que o beneficiário não estava na posse do imóvel e não houvesse registro de cessão de direitos. Agora, a lei utiliza um parâmetro mais abrangente, estabelecendo que caberá sua extinção toda vez que o instituto não esteja sendo utilizado para os fins de Regularização Fundiária Urbana.

Assim, ao final do processo, o beneficiário (seja por legitimação fundiária ou legitimação da posse seguida pela conversão em título de propriedade) adquire a propriedade da unidade imobiliária livre e, desembaraçada de quaisquer ônus, direitos reais, gravames ou inscrições, eventualmente existentes em sua matrícula de origem, exceto quando disserem respeito ao próprio legitimado, sendo, portanto, uma forma originária de aquisição de domínio (art. 23 §2º; art. 25, §2º).

Regularização Fundiária não precisa ser sinônimo de transmissão definitiva da propriedade para os beneficiários. A depender das complexidades presentes em cada núcleo urbano informal e se a área for de titularidade do Poder Público, a concessão de uso especial para fins de moradia e a concessão de direito real de uso, instrumentos constantes do rol do art. 15, serão a melhor solução para o caso concreto. Eles são instrumentos aptos a garantir a segurança jurídica da posse e, portanto, conferir proteção ao direito fundamental à moradia. Ademais, essas modalidades podem ser mais eficazes para combater processos de gentrificação que ameaçam forçar a saída dos beneficiários das suas comunidades.

Paulo Sérgio Ferreira Filho, com um olhar crítico sobre a lógica de concessão de títulos de propriedade individualizada adotada no novo marco legal da regularização fundiária, destaca que é possível que uma comunidade (necessariamente coesa) se organize por meio de normas sociais que possuam uma relação independente da lei formal. Destarte, a instituição de uma modalidade de titulação coletiva seria benéfica para certas comunidades, a exemplo das quilombolas e ciganas, fortalecendo o seu aspecto coletivo e empoderando seus membros para negociar e relacionar com agentes externos, sejam eles privados ou públicos.

3.5 Regularização fundiária em Áreas de Preservação Permanente

A Lei nº 11.977/2009 previa expressamente a possibilidade de se promover, por decisão fundamentada, a regularização fundiária em Áreas de Preservação Permanente, trazendo, de forma detalhada, os requisitos e procedimentos para a sua aplicação. A Lei nº 13.465 não regulamentou esta hipótese de regularização e revogou a referida lei, de tal forma que os artigos 64 e 65 do Código Florestal, contidos no capítulo "Das Disposições Transitórias", assumiram posição central em relação à matéria:

> Art. 64. Na regularização fundiária de interesse social dos núcleos urbanos informais inseridos em área urbana de ocupação consolidada e que ocupam Áreas de Preservação Permanente, a regularização ambiental será admitida por meio da aprovação do projeto de regularização fundiária, na forma da Lei específica de Regularização Fundiária Urbana. (Redação dada pela Lei nº 13.465, de 2017).
> §1º O projeto de regularização fundiária de interesse social deverá incluir estudo técnico que demonstre a melhoria das condições ambientais em relação à situação anterior com a adoção das medidas nele preconizadas.
> §2º O estudo técnico mencionado no §1º deverá conter, no mínimo, os seguintes elementos:
> I – caracterização da situação ambiental da área a ser regularizada;
> II – especificação dos sistemas de saneamento básico;
> III – proposição de intervenções para a prevenção e o controle de riscos geotécnicos e de inundações;
> IV – recuperação de áreas degradadas e daquelas não passíveis de regularização;
> V – comprovação da melhoria das condições de sustentabilidade urbano-ambiental, considerados o uso adequado dos recursos hídricos, a não ocupação das áreas de risco e a proteção das unidades de conservação, quando for o caso;
> VI – comprovação da melhoria da habitabilidade dos moradores propiciada pela regularização proposta; e
> VII – garantia de acesso público às praias e aos corpos d'água.

O elemento central na análise da possibilidade de regularização é a demonstração de melhoria nas condições ambientais. Da mesma forma que o instituto flexibiliza as normas urbanísticas para, ao fim, tentar concretizar os objetivos do urbanismo (cidade mais planejada com acesso a diferentes serviços e condições que garantam o bem-estar), a exceção à norma protetiva ambiental deve também ter como escopo a melhoria das condições ambientais, instituindo coleta de lixo, promovendo o saneamento básico da área, protegendo a Área de Preservação Permanente de futuras ocupações, entre outras ações.

Todavia, não são poucos os críticos a tal permissão. Paulo Bessa Antunes é contrário à suposta permissividade do Código Florestal:

> O artigo é, de certa forma, a confissão da falência da administração do território, ao mesmo tempo em que serve de cobertura para milhares de prefeitos e vereadores que, seguidamente, incentivaram e promoveram a ocupação de Áreas de Preservação Permanente, por populações vulneráveis e sem recursos para a aquisição de moradias dignas e seguras, sem prejuízo para o meio ambiente. Ainda que se reconheça a relevância do Direito à Moradia, elevado a status constitucional, tal como contido no caput do artigo 6º da Constituição Federal, não há que se fazê-lo eficaz em detrimento de outros direitos, igualmente tutelados pela Constituição Federal, no caso, o direito ao meio ambiente ecologicamente equilibrado.

O artigo seguinte trata da hipótese em relação à regularização fundiária de interesse específico; por não ter o escopo social, torna-se ainda mais polêmico. Paulo Bessa Antunes, novamente, aduz que: "não faz o menor sentido que a suposta lei de proteção às florestas tome para si a solução de um problema que não foi causado pelos órgãos de controle ambiental, e que, certamente, não será por eles solucionado".

> Art. 65. Na regularização fundiária de interesse específico dos núcleos urbanos informais inseridos em área urbana consolidada e que ocupem Áreas de Preservação Permanente não identificadas como áreas de risco, a regularização ambiental será admitida por meio da aprovação do projeto de regularização fundiária, na forma da lei específica de regularização fundiária urbana. (Redação dada pela Lei nº 13.465, de 2017).
> §1º O processo de regularização ambiental, para fins de prévia autorização pelo órgão ambiental competente, deverá ser instruído com os seguintes elementos:
> I – a caracterização físico-ambiental, social, cultural e econômica da área;
> II – a identificação dos recursos ambientais, dos passivos e fragilidades ambientais e das restrições e potencialidades da área;
> III – a especificação e a avaliação dos sistemas de infraestrutura urbana e de saneamento básico implantados, outros serviços e equipamentos públicos;

> IV – a identificação das unidades de conservação e das áreas de proteção de mananciais na área de influência direta da ocupação, sejam elas águas superficiais ou subterrâneas;
> V – a especificação da ocupação consolidada existente na área;
> VI – a identificação das áreas consideradas de risco de inundações e de movimentos de massa rochosa, tais como deslizamento, queda e rolamento de blocos, corrida de lama e outras definidas como de risco geotécnico;
> VII – a indicação das faixas ou áreas em que devem ser resguardadas as características típicas da Área de Preservação Permanente com a devida proposta de recuperação de áreas degradadas e daquelas não passíveis de regularização;
> VIII – a avaliação dos riscos ambientais;
> IX – a comprovação da melhoria das condições de sustentabilidade urbano-ambiental e de habitabilidade dos moradores a partir da regularização; e
> X – a demonstração de garantia de acesso livre e gratuito pela população às praias e aos corpos d'água, quando couber.

As exigências são bem similares para realização da regularização fundiária nos dois casos. Não parece racional conceder tal facilidade/flexibilidade para proprietários de casas de alto padrão, quando a intenção da lei é exatamente substituir as habitações precárias e diminuir o déficit habitacional. O art. 11º, §2º, da Lei nº 13.465 pode apontar um meio termo: "...hipótese na qual se torna obrigatória a elaboração de estudos técnicos que justifiquem as melhorias ambientais em relação à situação anterior, *inclusive por meio de compensações ambientais*, quando for o caso". (Grifo nosso).

Os beneficiários, portanto, teriam que se comprometer a promover compensações ambientais, preferencialmente através de obrigações de fazer para recuperar a área degradada, bem como em outras áreas apontadas pelo Poder Público para que a população também possa colher alguns benefícios mais diretos. Uma indenização em pecúnia para um fundo ambiental também é possível para complementar as exigências para compensação ambiental. O importante, no geral, é aproveitar as condições financeiras dos beneficiários para garantir a preservação/recuperação do meio ambiente de forma contundente, para, ao final, não aparentar que houve uma escusa à aplicação das leis de proteção ambiental em troca de alguns valores.

De qualquer modo, na regularização fundiária de interesse específico, implantada ao longo dos rios ou de qualquer curso d'água, deverá ser mantida faixa não edificável com largura mínima de quinze metros de cada lado, sendo que a extensão desta faixa não edificável poderá ser redefinida para o atendimento de especificidades de patrimônios históricos e culturais (§2º e 3º do art. 65).

O Código Florestal provoca vários questionamentos, a exemplo da possibilidade de "legitimar" a degradação de áreas de suma importância para o meio ambiente urbano. Como descrito no capítulo anterior, as Áreas de Preservação Permanente exercem funções essenciais para o equilíbrio do ecossistema. O ideal seria que os moradores dessas áreas fossem removidos para outro local, permitindo a posterior recuperação da área degradada. Porém, nas grandes cidades brasileiras, tal medida, pelo menos nos dias de hoje, é inviável, social e politicamente.

O Código Florestal não tem a pretensão de regular por completo o processo de regularização fundiária em Áreas de Preservação Permanente; por isso, as questões procedimentais e conceituais estão definidas na lei que normatiza a regularização fundiária urbana. Ocorre que esse novo marco legal também é omisso em relação a vários pontos relevantes e faz remissão ao Código Florestal para tratar dessa modalidade específica de regularização fundiária:

> Art. 11º Para fins desta Lei, consideram-se:
> (...)
> §2º Constatada a existência de núcleo urbano informal situado, total ou parcialmente, em área de preservação permanente ou em área de unidade de conservação de uso sustentável ou de proteção de mananciais definidas pela União, Estados ou Municípios, a Reurb observará, também, o disposto nos arts. 64 e 65 da Lei nº 12.651, de 25 de maio de 2012, hipótese na qual se torna obrigatória a elaboração de estudos técnicos, no âmbito da Reurb, que justifiquem as melhorias ambientais em relação à situação de ocupação informal anterior, inclusive por meio de compensações ambientais, quando for o caso.

Resultado: há um perigoso vácuo legislativo que evidencia as falhas da nova legislação aprovada a partir de conversão em lei de Medida Provisória sem o devido debate com a sociedade, algo indispensável para o tema de grande relevância e complexidade. Destarte, não existe nas duas normas em comento, um limite temporal para realizar a regularização fundiária em Áreas de Preservação Permanente. Antes das últimas alterações legislativas, a Lei nº 11.977/2009, revogada pela Lei nº 13.465, permitia, nesse caso, o processo de regularização nas áreas ocupadas até 31 de dezembro de 2007 (artigo 54, §1º).

A omissão do Código Florestal não havia retirado a aplicação desse limite, por ele dispor inicialmente que a regularização fundiária ocorreria na forma da Lei nº 11.977/2009.

Benjamin Miranda Tabak e Paulo Sérgio Ferreira Filho, em posição minoritária, alegam que a remissão à referida lei somente se referia aos requisitos e forma do projeto de regularização fundiária, sendo omisso de modo proposital, para não utilizar mais aquele marco temporal. Assim sendo, sustentam que a data de vigência do Código Florestal (28 de maio de 2012) deveria ser o limite temporal, possibilitando a aplicação do instituto para um número maior de casos, sem, contudo, deixar uma perigosa lacuna na lei, capaz de trazer prejuízos urbanísticos.

A proposta para utilizar a data de vigência do Código Florestal é interessante, porém carece de robustez legal para pacificar a matéria. Para piorar a situação, o conceito legal de área urbana consolidada, contida na Lei nº 11.977/2009, também foi revogado. A principal preocupação advinda da desordem legislativa é o potencial incentivo a novas ocupações em Áreas de Preservação Permanente e a consequente degradação ambiental. O equívoco legal precisa ser urgentemente reparado, para fixar uma data limite ou um prazo de ocupação mínimo (5 anos, por exemplo) e, assim, conferir um patamar mínimo de proteção ambiental.

É possível realizar a regularização fundiária de ocupações localizadas em unidade de conservação de uso sustentável que, nos termos da Lei nº 9.985, de 18 de julho de 2000, admita regularização. Nesse caso, será exigida também a anuência do órgão gestor da unidade (artigo 11, §3º).

Os estudos técnicos exigidos para auferir a viabilidade da regularização fundiária em Áreas de Preservação Permanente deverão ser realizados pelo Município se ele tiver órgão ambiental capacitado. Considera-se órgão ambiental capacitado aquele que possua em seus quadros ou à sua disposição profissionais com atribuição técnica para a análise e a aprovação dos estudos (artigo 12, §1º). Essa definição está em consonância com o conteúdo da Lei complementar nº 140/2011, que fixa as normas de cooperação entre os entes federados, para cooperação nas ações administrativas decorrentes do exercício da competência comum relativas à proteção ao meio ambiente. Na ausência de órgão ambiental capacitado no Município, tanto a nova Lei nº 13.465, quanto a Lei Complementar nº 140 indicam que o Estado deve desempenhar os estudos e as ações administrativas que o Município não tem capacidade técnica de realizar.

Haja vista que os estudos para constatar a viabilidade e as condições para realizar a regularização fundiária em Área de Preservação Permanente são complexos e demandam um corpo técnico ainda mais especializado, o que pode atrasar o processo de regularização, a lei possibilita que tais estudos técnicos, necessários em todos os projetos de regularização, possam ser feitos em etapas ou fases (artigo 12, §3º). Dessa forma, a parte do núcleo urbano informal não inserida em Área de Preservação Permanente poderá ter seu projeto aprovado e levado a registro separadamente, ou seja, a fração núcleo urbano que não tiver problemas ambientais a serem resolvidos não terá que esperar a solução desses nas outras áreas, para prosseguir com o processo de regularização fundiária. O artigo 36, §2º do novo marco legal também traz uma previsão genérica indicando que o processo de regularização pode ser implementado por etapas, abrangendo o núcleo urbano informal de modo total ou parcial.

A Lei nº 13.465, em consonância com o Código Florestal, prevê que, quando a ocupação estiver às margens de reservatórios artificiais de água, destinados à geração de energia ou ao abastecimento público, a faixa da Área de Preservação Permanente se estenderá até o ponto médio entre o nível máximo operativo normal e a cota máxima *maximorum*.

Diante dos inúmeros casos de moradias localizadas irregularmente em Áreas de Preservação Permanente, são recorrentes ações judiciais pleiteando a demolição de casas e a recuperação da área degradada. Ocorre que, em muitos casos, o Ministério Público ou órgão ambiental aciona, individualmente, alguns moradores, ao invés de colocar todos os ocupantes da área no polo passivo no mesmo processo. A jurisprudência dos nossos tribunais vem rejeitando esses pedidos:

> PROCESSUAL CIVIL. ADMINISTRATIVO E AMBIENTAL. AÇÃO CIVIL PÚBLICA AJUIZADA PELO IBAMA. PLEITO DE DEMOLIÇÃO DE IMÓVEL CONSTRUÍDO EM ÁREA DE PRESERVAÇÃO PERMANENTE. COMUNIDADE DE BAIXA RENDA. INTERESSE SOCIAL PRESENTE. POSSIBILIDADE DE SUPRESSÃO DE VEGETAÇÃO NATIVA.
> (...). 2. Na hipótese, resta incontroverso que o imóvel da demandada consiste em construção de diminutas proporções, o qual está inserido em localidade de preservação permanente (área de manguezal), habitada por comunidade composta de outras casas de pessoas de baixa renda. 3. O art. 4º, caput, da Lei nº 4.771/65, permite a autorização de supressão de vegetação nativa em caso de interesse social, demonstrado em procedimento administrativo próprio. Se é certo que tal situação – a despeito do seu eloquente colorido fático – não se encontra elencada nas situações de interesse social, a que se referia o seu art. 1º, V, forçoso

notar que o mesmo evento é definido com tal qualificativo no art. 2º, IV, da Lei nº 4.132/62. 4. A Lei nº 12.651/2012 (novo Código Florestal), no seu art. 8º, caput, permite a supressão de área de preservação permanente em hipótese de interesse social, prevendo o seu art. 3º, IX, d, justamente a situação dos autos. Informa esse dispositivo legal o direito social à moradia constitucionalmente assegurado no art. 6º da Carta Maior. 5. *O Poder Público – que, indubitavelmente tem conhecimento do problema social – não* deveria partir de logo para o ajuizamento das ações judiciais individuais, com o propósito de desalojar as famílias ocupantes de suas moradias. A opção feita pela autarquia apelante consiste em solução que demanda menos esforços, mas que, com sua concretização, cria problema social, quiçá, de maior gravidade, considerando-se o déficit de morarias no país. (...).

ADMINISTRATIVO E AMBIENTAL. AÇÃO CIVIL PÚBLICA. CONSTRUÇÃO EM ÁREA DE PRESERVAÇÃO PERMANENTE. LOCALIDADE DE PORTO FIGUEIRA. DEMOLIÇÃO DA EDIFICAÇÃO. INVIABILIDADE. PRINCÍPIO DA PROPORCIONALIDADE. ZONA URBANA CONSOLIDADA.
1. Embora o imóvel esteja localizado em área de preservação permanente (unidade de conservação), mais precisamente em Área de Proteção Ambiental das Ilhas e Várzeas do Rio Paraná, a circunstância de ter sido edificado há mais de trinta anos e inserir-se em zona urbana de ocupação histórica, que remonta, pelo menos, à década de 1960, torna desarrazoada a sua demolição, especialmente em face da ausência de vegetação no local, desde longa data, e da existência de toda uma infraestrutura, com rede de esgoto, pavimentação de ruas, energia elétrica e água potável. 2. *As restrições à construção em Áreas de Preservação Permanente, localizadas em zonas urbanas consolidadas e antropizadas, nas quais a recuperação integral do meio ambiente ao seu estado natural mostra-se inviável, são passíveis de mitigação, por depender de ação conjunta, com a remoção de todas as construções instaladas nas proximidades. A retirada de uma edificação isoladamente não surtiria efeitos significantes ao meio ambiente, haja vista que as adjacências do local remanesceriam edificadas.*

Não há como combater um problema que tem a sua origem em questões estruturais da sociedade brasileira, com ações individuais. A demolição de uma só habitação não restabelecerá o *status quo* ambiental, principalmente quando no seu entorno ainda existirem várias ocupações antrópicas. Esses casos demandam uma política pública bem articulada, algo inviável em ações individuais. Sendo assim a regularização fundiária surge como uma via capaz de articular e conciliar a proteção do meio ambiente e com o direito fundamental à moradia.

HARMONIZAÇÃO ENTRE A GARANTIA DO DIREITO À MORADIA E O DEVER DE PROTEÇÃO AMBIENTAL

Os direitos fundamentais não são absolutos e ilimitados, já que eles encontram seus limites em outros direitos fundamentais, também consagrados pela Constituição. Estará configurada a colisão entre direitos fundamentais quando identificado conflito decorrente do exercício de direitos individuais por diferentes titulares, bem como nos casos de conflito entre direitos individuais do titular e bens jurídicos da comunidade.

Para o operador do direito, é insuficiente a mera utilização dos critérios hermenêuticos clássicos da hierarquia, da cronologia ou da especialidade, aplicados para a solução de colisão entre leis. Exige-se um exercício de ponderação para determinar qual direito fundamental deverá ser resguardado diante das peculiaridades do caso concreto.

Luís Roberto Barroso descreve a técnica da ponderação em três etapas: na primeira delas, o intérprete deverá verificar no ordenamento jurídico as normas relevantes para a solução do caso, identificando eventuais conflitos entre elas. Nesta fase, os diversos direitos fundamentais também devem ser agrupados em função da solução que estejam sugerindo, formando, assim, conjuntos de argumentos que irão facilitar a comparação entre os elementos normativos relativos ao caso observado. Na segunda fase, proceder-se-á o exame das circunstâncias concretas do caso e a sua interação com os elementos normativos, observando as consequências práticas da incidência da norma. Por fim, na terceira fase, devem-se observar, conjuntamente, os dados coletados nas etapas anteriores, de modo a apurar os pesos que devem ser atribuídos aos diversos elementos que compõem o caso concreto. Ato contínuo, o intérprete avaliará quão intensamente o grupo de normas da solução por ele indicada deve prevalecer sobre a outra e, conforme o caso, graduar a intensidade da solução escolhida. Todo o processo deverá ser conduzido conforme os ditames dos princípios da proporcionalidade e da razoabilidade.

O grande desafio para solucionar a questão exposta neste trabalho é identificar quais elementos devem ser considerados e qual o valor conferido a cada um deles. A Regularização Fundiária em Áreas de Preservação Permanente deve se tornar uma política pública permanente e de grande aplicação? A Constituição, em diversas passagens, utiliza o termo "desenvolvimento" para indicar os objetivos que devem ser almejados pelas políticas públicas, mas qual acepção da palavra devemos utilizar ao interpretar o texto constitucional? Inicialmente, desenvolvimento não deve ser confundido com crescimento econômico. Este representa apenas o incremento na produção de bens no país. Nem mesmo os valores do PIB *per capita* podem ser tomados como referência, uma vez que são incapazes de apontar se a riqueza está bem distribuída na população. A simples melhora de índices econômicos não é e não deve constituir o escopo das intervenções estatais na economia.

O crescimento da economia não implica a melhoria do bem-estar geral da população. Contra os mitos da economia capitalista, David Orrell aponta que a economia é naturalmente injusta, visto que os recursos produzidos são distribuídos de maneira desigual, instável, vive em constantes crises, e é também insustentável, pois, ao contrário do que aduz a teoria pura, a economia encontra limites para o seu crescimento como as mudanças climáticas, a superpopulação e a degradação ambiental.

A Constituição, ao elencar vários interesses coletivos na ordem econômica, como a defesa do consumidor, a redução das desigualdades e a justiça social, indica que ela está interessada na promoção de direitos fundamentais, especialmente os sociais. Essa visão se aproxima da definição de desenvolvimento esculpida por Amartya Sen, que o conceitua como um processo de expansão das liberdades humanas com a exclusão das suas principais fontes de privação, como: pobreza, tirania, ausência de serviços públicos básicos, falta de educação formal etc.

Destarte, o que deve ser valorizado é o direito ao desenvolvimento, termo cunhado na Declaração sobre o Direito ao Desenvolvimento adotado pela Resolução nº 41/128 da Assembleia Geral das Nações Unidas. Maria Luiza Feitosa assevera que: "O direito ao desenvolvimento se situa no universo maior dos direitos humanos, caracterizado como direito de povos e coletividades, em privilégio da dimensão individual e social, nas relações que priorizam a dignidade humana".

Dentro do direito ao desenvolvimento, está inserida também a questão ambiental. Não poderia ser diferente, pois, conforme lição de Ingo Sarlet e Tiago Fensterseifer, os valores ecológicos já integram o conteúdo mínimo da dignidade da pessoa humana. Um meio ambiente saudável, longe de doenças, escassez de recursos e pressões climáticas, é indispensável a uma vida digna, saudável e segura.

O tema em debate no trabalho exige uma análise detalhada e minuciosa. Não se trata de um embate entre crescimento econômico e preservação do meio ambiente, mas de algo bem mais complexo, isto é, a urgência da garantia de um direito social fundamental (direito à moradia) e o dever de proteção à natureza, base material para a vida.

Não há como apresentar uma resposta única para todas as situações em que haja o conflito. O Tribunal de Justiça do Estado de Minas Gerais, ao julgar um Incidente de Assunção de Competência (IAC), concluiu que seria inviável instituir um entendimento aplicável para todos os casos passíveis de regularização fundiária.

> IAC. AUSÊNCIA DOS REQUISITOS. INADMISSIBILIDADE. OCUPAÇÕES IRREGULARES DE TERRENOS URBANOS. LOTEAMENTO IRREGULAR IMPLANTADO. QUESTÃO SOCIOLÓGICA – E NÃO JURÍDICA – A EXIGIR A ATUAÇÃO CONJUNTA DO PODER PÚBLICO EM DIFERENTES ESFERAS. IMPOSSIBILIDADE DE UNIFORMIZAÇÃO OU DE SUMULAR OS FATOS PARA OUTROS CASOS.
> - O debate, no caso em exame, está intrinsecamente relacionado às especificidades e peculiaridades fáticas do caso concreto, ausente o requisito da questão jurídica relevante, compatível com a formação de precedente obrigatório e de eficácia vinculante.
> - O loteamento sobre o qual se pretende a regularização fundiária é um só; é evidente que cada loteamento tem as suas próprias e específicas características e a apuração de responsabilidades do ente municipal acerca do parcelamento e uso do solo, em um caso, não serve para outro.
> - Além disso, cada uma das "ocupações" – como mostra a mídia diariamente – é diferente da outra, sendo praticamente impossível uniformizar o objeto do IAC. (...).

Cada núcleo urbano informal tem características próprias e condições jurídicas, urbanísticas e sociais diversas umas das outras. Destarte, a seguir, serão expostas algumas variáveis que devem ser valoradas para solução de casos específicos de regularização fundiária em Áreas de Preservação Permanente.

4.1 Vulnerabilidade ambiental

A capacidade de conviver e superar as intempéries da natureza e as diferentes formas de poluição não é a mesma para os diferentes grupos da sociedade. Os riscos atrelados a esses fenômenos estão conectados com a escassez de recursos e com o acesso a direitos básicos de cada parcela da população. Os grandes desastres naturais não são produtos apenas da natureza, eles também são resultantes dos contextos social, político e econômico, que podem deixar um determinado grupo em situação de vulnerabilidade.

Nesse contexto, vulnerabilidade ambiental pode ser compreendida como a situação em que um grupo de pessoas, por suas características e pela situação a que está exposto, tem reduzida a sua capacidade de antecipar, lidar, resistir e se recuperar do impacto dos danos ambientais.

Entre os aspectos sociais que evidenciam essa correlação, está a habitação, visto que as pessoas mais humildes, via de regra, moram em locais mais susceptíveis à ocorrência de desastres, como encostas de morros ou áreas comumente alagadas pelas cheias dos rios. No terremoto de 1976, na Guatemala, Piers Blaikie relata que os moradores das favelas e os povos tradicionais que viviam em construções frágeis tiveram o maior índice de mortalidade, enquanto a classe média local com maior acesso à infraestrutura conseguiu se recuperar mais rapidamente do abalo. A interferência da questão social ficou tão aparente que jornalistas usavam o termo "terremoto de classes" para se referir à tragédia.

Os países desenvolvidos dispõem de melhores recursos para suportar os desastres naturais. Eles contam com mecanismos para reduzir o número de fatalidades, como a regulação de normas de construção e a vedação de ocupação em áreas sensíveis, além de ter um sistema eficiente para oferecer assistência médica às vítimas. Além disso, a existência de seguros de propriedade e a estrutura de mercado mais estável fazem com que os danos à economia não sejam tão duradouros.

Os países subdesenvolvidos, por sua vez, não possuem sistemas de alerta contra desastres. Falta planejamento urbanístico para projetar construções resistentes e uma infraestrutura de saúde para emergências. Ademais, esses países são obrigados a reverter fundos destinados aos programas sociais para amparar as vítimas e se reerguer, o que torna a recuperação da economia mais demorada e estanca o desenvolvimento social do Estado.

O relatório do Painel Intergovernamental sobre Mudanças Climáticas – IPCC – sobre impactos, adaptação e vulnerabilidades colaciona dados que reforçam a ideia de que a população mais humilde, concentrada nos países subdesenvolvidos, será a maior prejudicada com as alterações climáticas. Foi constatado que questões socioeconômicas, raciais, de faixa etária e ações do Poder Público tiveram influência para determinar a extensão das consequências negativas dos eventos climáticos observados.

O relatório apontou algumas consequências negativas das mudanças climáticas que são impulsionadas pelas várias formas de desigualdade: pessoas pertencentes a certos grupos raciais ou étnicos marginalizados, especialmente nos países em desenvolvimento, tendem a sofrer mais com as ondas de calor, devido à baixa condição econômica e às condições de saúde; as crianças e os idosos sofrem um risco maior por terem a capacidade de locomoção reduzida e serem mais susceptíveis a infecções e doenças; os membros das classes mais privilegiadas possuem uma maior flexibilidade e poder de adaptação às mudanças climáticas, inclusive utilizando seus recursos econômicos para explorar comercialmente as novas necessidades da sociedade, oriundas da crise, e obter novas formas de lucro.

O relatório também faz um prognóstico das implicações que podem surgir com a crise climática nos próximos anos na América do Sul e Central. Os altos índices de pobreza na maioria dos países da região, não obstante o desenvolvimento alcançado nas últimas décadas, levarão um elevado número de pessoas à situação de vulnerabilidade. A redução nos níveis pluviométricos causará crises hídricas e energéticas e afetará a agricultura, o que pode induzir a uma queda na produção de alimentos. Além disso, há probabilidade de parte considerável da biodiversidade ser extinta devido ao aumento da temperatura média e de ocorrerem processos de desertificação em áreas mais áridas.

Nas cidades, os moradores dos assentamentos irregulares localizam-se frequentemente em áreas de risco, susceptíveis a deslizamentos, inundações e outros desastres. Os municípios, conforme a Política Nacional de Proteção e Defesa Civil – PNPDEC (Lei nº 12.608/2012), têm o dever de "vistoriar edificações e áreas de risco e promover, quando for o caso, a intervenção preventiva e a evacuação da população das áreas de alto risco ou das edificações vulneráveis" (artigo 8ª, inciso VII). Paulo Affonso Leme Machado destaca que a prevenção é um dos elementos para a formação de cidades resilientes para evitar danos humanos, materiais e ambientais. O Poder Público não pode ficar omisso, a segregação socioespacial urbana força milhares de pessoas a se estabelecerem em locais perigosos, uma atuação contundente nesse sentido atende ao princípio da precaução, pedra basilar do direito ambiental.

4.2 Movimento por Justiça ambiental

Os inúmeros casos em que comunidades tradicionais, grupos raciais discriminados, pobres ou países inteiros sofriam com as externalidades negativas das intervenções ambientais de outros sujeitos levaram à criação do termo injustiça ambiental. A expressão justiça ambiental, por sua vez, foi concebida a partir de uma perspectiva teórico-discursiva do movimento por justiça ambiental para proteger os mais vulneráveis da distribuição assimétrica da degradação ambiental no espaço coletivo, incorporando a construção de uma justiça que obstrua a perpetuação de desigualdades.

Justiça ambiental é um conceito complexo e multifacetado, que pode ter diferentes significados a depender da situação que está sendo observada. Para melhor compreendê-la, com base no trabalho de Robert R. Kuehn, serão apresentadas aquelas que seriam as quatro dimensões da justiça ambiental: como justiça distributiva; como participação política; como processo corretivo justo e como justiça social.

Não se alcança a justiça distributiva em questão, com a redistribuição da poluição ou dos riscos. A forma correta é através da proteção a todos e da eliminação dos riscos ambientais, com a troca das práticas nocivas das empresas por outras de nenhum ou menor impacto. Desse modo, a justiça distributiva é alcançada principalmente através da diminuição dos riscos e não através da divisão equânime das consequências negativas dos danos ambientais.

Robert Bullard chama a atenção para desmistificar a ideia de que a proximidade de indústrias trará benefícios econômicos para os moradores da região onde elas forem instaladas. O fato de a indústria estar próxima não garante participação dos moradores em parcela da sua produção de riquezas, ao passo que poderão ficar exclusivamente sujeitos às externalidades negativas.

Como corolário à necessidade de justiça equitativa, está a garantia de disponibilidade aos bens ambientais. Quando o seu acesso é negado, os direitos dos cidadãos estão sendo suprimidos, já que o meio ambiente é bem de uso comum do povo e deve estar à disposição para que ele possa atingir todas as suas capacidades.

Paulo Affonso Leme Machado elenca o acesso equitativo aos recursos naturais como um dos princípios gerais do direito ambiental. Os bens ambientais são imprescindíveis para o gozo dos direitos fundamentais do homem, e a falta de um deles pode, inclusive, induzir o cidadão a agir de forma ainda mais lesiva ao meio ambiente, para tentar suprir a escassez.

Na concepção de justiça ambiental como participação política, todos têm o direito de influir nas decisões políticas ambientais e a fiscalizar o cumprimento delas. Nenhum direito ou bem ecológico deve ser suprimido do cidadão sem que seja oportunizado a ele apresentar sua manifestação. Nesse ponto, a participação da comunidade nos processos decisórios é vista como um caminho para se atingir a justiça ambiental, principalmente quando estão sendo discutidas obras de grande porte nos estudos prévios de impacto ambiental.

A justiça ambiental como processo corretivo justo corresponde ao dever do governo em estabelecer penas justas, mas também de impor a reparação efetiva do bem ambiental atingido. O §3º do art. 225 da Constituição Federal institui a tríplice responsabilização aos agentes dos danos ambientais: "As condutas e atividades consideradas lesivas ao meio ambiente sujeitarão os infratores, pessoas físicas ou jurídicas, a sanções penais e administrativas, independentemente da obrigação de reparar os danos causados". Destarte, independentemente de existir culpa do agente, ele estará obrigado a reparar o dano, que preferencialmente deverá ocorrer de forma específica.

Entre todas as dimensões da justiça ambiental, a social é a mais relevante. A proteção do meio ambiente e dos direitos sociais são indissociáveis. Ingo Sarlet e Tiago Fensterseifer destacam que, via de regra, a miséria e a pobreza (compreendidas como a carência de direitos básicos como educação, saneamento e moradia) estão atreladas à degradação e à poluição ambiental, expondo a população mais humilde a uma dupla violação da sua dignidade. Eles concluem indicando a necessidade da tutela compartilhada e integrada dos direitos sociais e ecológicos, através da perspectiva ampliada dos direitos econômicos, sociais, culturais e ambientais (DESCA). O conteúdo do Princípio nº 5 da Declaração do Rio sobre meio ambiente e desenvolvimento reforça a relação entre os direitos sociais e o meio ambiente:

> Para todos os Estados e todos os indivíduos, como requisito indispensável para o desenvolvimento sustentável, irão cooperar na tarefa essencial de erradicar a pobreza, a fim de reduzir as disparidades de padrões de vida e melhor atender às necessidades da maioria da população do mundo.

Pode-se dizer que a justiça social é o próprio objetivo final do movimento por justiça ambiental, que preza pelo bem-estar da população. Para alcançar os objetivos de justiça ambiental, necessariamente, deve-se aderir a um programa de desenvolvimento sustentável que combata a desigualdade social e procure efetivar, desde logo, um mínimo existencial socioambiental para garantia de direitos essenciais como moradia, saúde e saneamento básico, acompanhados de qualidade e de segurança ambiental.

As características da sociedade brasileira, marcada pela forte desigualdade social, nível baixo de escolaridade, existência de diferentes grupos raciais e étnicos, com destaque para os povos indígenas e os quilombolas, fazem com que o Brasil seja palco de vários casos de injustiça ambiental, do norte ao sul do país, desde a questão da demarcação das terras indígenas, até a luta por saneamento básico nas grandes cidades.

Os conflitos ambientais brasileiros já eram observados há anos, mas conforme relato de Henri Acselrad, o movimento por justiça ambiental no Brasil só começou a se estruturar após a visita de alguns membros do movimento de justiça ambiental estadunidense, em 1998, visando a estabelecer parcerias com organizações locais para frear a "exportação da injustiça ambiental".

Em setembro de 2001, foi criada a Rede Brasileira de Justiça Ambiental, durante o Seminário Internacional Justiça Ambiental e Cidadania, realizado por iniciativa conjunta do Laboratório de Estudos de Cidadania, Territorialidade e Ambiente da UFF, do Laboratório Estado, Trabalho, Território e Natureza da UFRJ, do Centro de Estudos da Saúde do Trabalhador e Ecologia Humana da Fiocruz, do projeto Brasil Sustentável e Democrático/Fase e da CNMA/CUT. A sua declaração de constituição ultrapassou a questão do racismo ambiental na alocação de lixo tóxico, base do movimento estadunidense que inspirou o movimento brasileiro, para abraçar um espectro mais amplo de atuação, como se pode constatar da seguinte relação de princípios e práticas adotados:

> a) asseguram que nenhum grupo social, seja ele étnico, racial ou de classe, suporte uma parcela desproporcional das consequências ambientais negativas de operações econômicas, de decisões de políticas e de programas federais, estaduais, locais, assim como da ausência ou omissão de tais políticas;
> b) asseguram acesso justo e equitativo, direto e indireto, aos recursos ambientais do país;
> c) asseguram amplo acesso às informações relevantes sobre o uso dos recursos ambientais e a destinação de rejeitos e localização de fontes de riscos ambientais, bem como processos democráticos e participativos

na definição de políticas, planos, programas e projetos que lhes dizem respeito;
d) favorecem a constituição de sujeitos coletivos de direitos, movimentos sociais e organizações populares para serem protagonistas na construção de modelos alternativos de desenvolvimento, que assegurem a democratização do acesso aos recursos ambientais e a sustentabilidade do seu uso.

Henri Acselrad destaca que os principais casos de injustiça ambiental no Brasil dizem respeito à defesa dos direitos das comunidades tradicionais pressionadas pela expansão das atividades capitalistas e de mercado; a defesa dos direitos a uma proteção ambiental equânime contra a segregação socioterritorial e a desigualdade ambiental promovidas pelo mercado; a defesa dos direitos de acesso equânime aos recursos ambientais, contra a concentração das terras férteis, das águas e do solo seguro nas mãos de uma parcela diminuta da população.

O Superior Tribunal de Justiça já reconheceu a existência de injustiça ambiental no Brasil. No Recurso Especial nº 1.310.471 – SP, a corte analisou recurso da empresa Acumuladores Ajax Ltda. contra decisão que mantivera multa administrativa no valor de R$65.950,00, decorrente de auto de infração lavrado pela Vigilância Sanitária, que constatou reiterada emissão de chumbo no ar em níveis alarmantes.

Essa empresa, localizada na cidade de Bauru, interior do Estado de São Paulo, especializada em reciclagem de baterias automotivas, degradou com metais pesados as áreas ao redor do seu setor metalúrgico. A população de baixa renda residente nas imediações da empresa foi a mais prejudicada, trezentas e três crianças apresentaram algum grau de plumbemia (nível de chumbo no sangue) acima dos limites estabelecidos pela Organização Mundial da Saúde, e os córregos que forneciam água para população local e suas plantações foram contaminados.

A Segunda Turma do STJ negou provimento ao recurso, afastando os argumentos da empresa que defendiam que a ausência de nexo causal entre a sua atividade e a poluição constatada, bem como o fato de a empresa estar devidamente licenciada, impediria a cobrança da multa. Os Ministros arguiram que eventual existência de outras empresas poluentes não constitui óbice para a responsabilização da recorrente, que deveria provar cabalmente que não concorreu para o dano ambiental. Ademais, o cumprimento de certos parâmetros legais de proteção legal não isenta a responsabilidade do poluidor. O Ministro Herman Benjamin, relator do processo, destacou que o caso em apreço retratava uma triste realidade, em que os mais pobres são os que mais sofrem com a degradação do meio ambiente:

> Infelizmente, o Brasil mostra-se pródigo em distribuição discriminatória de riscos ambientais. Como se não bastasse a miséria material de bolsões urbanos e rurais da população, fenômeno que ainda nos atormenta e envergonha como nação, após a Segunda Guerra Mundial e na esteira do processo de industrialização que ganhou fôlego a partir de então, agregamos e impingimos a essa multidão de excluídos sociais (= injustiça social) a nódoa de párias ambientais (= injustiça ambiental). Substituímos, ou sobrepusemos, à segregação racial e social – herança da discriminação das senzalas, da pobreza da enxada e das favelas – a segregação pela poluição, isto é, decorrente da geografia da contaminação industrial e mineral, do esgoto a céu aberto e da paisagem desidratada dos seus atributos de beleza.

As vítimas desse caso são claramente vulneráveis a esse tipo de acontecimento. Por serem humildes, eles não se encontram em condições de evitar ou de aliviar a exposição à contaminação letal, mudando a localização de suas precárias residências, muito menos de encarar o poder econômico da empresa, que não demonstrou estar preocupada com a saúde dos moradores.

4.3 Inclusão dos beneficiários da regularização fundiária à cidade formal

Os moradores dos assentamentos irregulares estão excluídos da cidade formal. São várias as consequências da informalidade, como a ausência de serviços públicos, a desorganização do espaço e a falta de segurança jurídica. Situações constrangedoras são constantes. Existe um preconceito real contra quem vive nessas áreas, como se fossem cidadãos de segunda classe. Ao preencherem formulários para requerer um emprego e outros cadastros com o seu endereço, indicando que moram em determinada comunidade, oportunidades são negadas e empecilhos para coisas simples, como receber correspondências ou compras feitas pela internet, são criados.

O sentimento de insegurança e instabilidade é constante, o tráfico e as milícias ou até atos arbitrários do Poder Público podem tomar a sua residência. A ausência de defesa policial e judicial cria um sentimento de insegurança que pode prejudicar vários aspectos da vida na comunidade, como a maior propensão à violência doméstica, especialmente contra mulheres e crianças, ou a violência armada nas disputas de facções pelo poder nas áreas em que o Estado é ausente.

A exclusão do mercado formal também é um grande entrave para os moradores que têm suas moradias desvalorizadas por não poderem ser vendidas/alugadas, conforme os rigores do direito imobiliário. Paulo Rabello de Castro destaca o potencial econômico da regularização das moradias irregulares no Brasil:

> O patrimônio imobiliário nacional é estimado em 5 trilhões de reais. O acréscimo final da riqueza imobiliária, pela titulação dos imóveis informais, é estimado em 1 trilhão de reais, correspondendo a 20% a mais, sobre o patrimônio original e atual. Desse 1 trilhão de reais de acréscimo, 150 bilhões seriam pelo efeito imediato da titulação. Mais 150 bilhões, por efeito de investimentos em infraestrutura e serviços públicos, dentro e no entorno dessas comunidades. O subtotal de riqueza acrescida, da ordem de 150 bilhões, em valorização direta para os ex-informais, seria facilmente reproduzido na cidade formal, pela valorização dos bairros adjacentes. Daí a estimativa, arredondada, de um aumento de riqueza, no decorrer de uma década, de 1 trilhão de reais. Tal acréscimo de estoque de capital brasileiro geraria, por sua vez, um aumento permanente da renda per capita, em 10% sobre os valores atuais, correspondendo não só a expressivo aumento do poder de compra dos brasileiros, como também à capacidade de arrecadação tributária dos governos. Ganhariam todos.

As vantagens econômicas são relevantes e bem-vindas, mas o principal foco da regularização deve ser proporcionar aos moradores das "cidades informais" serviços públicos básicos que lhes fazem falta e, também, qualidade de vida. Ademais, experiências passadas de regularização fundiária demonstram que o ganho de patrimônio, isoladamente, não resulta na melhoria das condições de vida da população. No Peru, onde foi conduzido um amplo programa de regularização fundiária, focado na titulação e apoiado pela proposta de Hernando de Soto, de que a formalização das propriedades impulsionaria o desenvolvimento econômico de países com renda baixa, os resultados foram questionáveis. Edésio Fernandes aponta que o programa não produziu um aumento significativo no acesso ao crédito formal, bem como houve a formalização de assentamentos insustentáveis, a gentrificação de bairros e a manipulação política dos programas de regularização. Analisando os resultados de experiências de regularização fundiária na Argentina, no âmbito do "Programa Arraigo", Smolka e

Laranjeira indicam que as ações que tiveram o maior êxito foram aquelas que aliaram componentes de caráter urbanístico, social e econômico à titulação.

Marise Costa de Souza Duarte também destaca a noção de pertencimento no sentido de integração das áreas e das pessoas à cidade e à sociedade. O processo de regularização aumentará a autoestima dos moradores e o sentimento de inclusão em relação ao resto da cidade, devendo ser, portanto, a principal política pública para os grandes contingentes de ocupações ilegais urbanas, em detrimento de outras alternativas como a relocação.

Ricardo Pereira Lira recorda a remoção da Favela da Catacumba, que ficava às margens da Lagoa Rodrigo de Freitas, no Rio de Janeiro, como exemplo de remoção com consequências indesejáveis. As autoridades retiraram as milhares de famílias que habitavam o local e, posteriormente, mandaram atear fogo na favela. Os ocupantes foram removidos para lugares longínquos, exigindo duas ou três onerosas viagens de ônibus para chegarem a seus locais de trabalho.

A remoção para lugares tão distantes obrigou as mães de família que trabalhavam como babás, faxineiras e cozinheiras, nos bairros nobres, a deixarem os seus trabalhos. Os pais de família, na grande maioria, trabalhadores da construção civil, não puderam acompanhar suas famílias, passando a ter que dormir nos canteiros de obras onde trabalhavam. Casais se separaram, mulheres ficaram sem o apoio material e, com o dinheiro escasso, crianças se prostituíram para contribuir com a renda do lar. As consequências sociais e morais foram as piores possíveis. Com base nessa e em outras experiências, Ricardo Pereira Lira argumenta:

> Essa questão da remoção de favelas é algo a que evidentemente só se pode recorrer em condições excepcionalíssimas, quando haja perigo de vida para os próprios moradores, sendo certo que, diante de situações consolidadas, nem os imperativos ambientais mais fortes devem prevalecer. E a remoção, sempre excepcionalíssima, deve dar-se para locais próximos ao inicialmente ocupado.

Outro aspecto relevante a ser considerado para restringir a remoção dos assentamentos irregulares a poucos casos é o sentimento de pertencimento à comunidade. Cada ocupação contém uma rede de símbolos e significados que formam a identidade de seus moradores. Esse processo de formação de identidade não pode ser replicado, pois depende de valores sociais culturais constituídos ao longo de uma vida.

Ana Paula Serpa Nogueira de Arruda explica que: "a remoção para o conjunto habitacional pode colocar em risco laços sociais e identitários existentes nas comunidades a serem realocadas, principalmente quando suas opiniões não são consideradas na elaboração dos projetos".

A integração socioespacial dessas comunidades à estrutura urbana, promovida pela regularização fundiária, é a sua grande virtude. São múltiplos os benefícios que elevam, consideravelmente, a qualidade de vida dos beneficiários. Vale destacar, ainda, o estudo conduzido por Paulo Afonso Cavichioli Carmona, que identificou a desordem urbana (lixo, condições precárias de habitação, redução de áreas verdes, iluminação pública deficiente) como vetor de aumento da criminalidade. O direito à cidade segura seria alcançado a partir da garantia das quatro funções elementares: trabalho, habitação, recreação e circulação, que têm o condão de minimizar os delitos urbanos, reduzindo os índices de criminalidade, já que uma boa estrutura física da cidade influencia o comportamento do ser humano.

4.4 Obstáculos para a viabilidade e eficácia dos processos de regularização fundiária

Como se viu, a regularização fundiária pode trazer vários benefícios, todavia, também pode estar atrelada a algumas consequências negativas, além de existirem situações em que ela não será a alternativa mais adequada.

Ermínia Maricato destaca que há favelas que não têm condições de ser urbanizadas, por colocarem em risco a vida dos moradores ou porque tornam irrecuperáveis áreas ambientalmente frágeis e estratégicas. O Código Florestal já veda a regularização fundiária em áreas de risco e exige que estudo técnico comprove a viabilidade do projeto. Mesmo se o processo for viável, é raro uma obra de urbanização que não exija a remoção de ao menos uma parte da ocupação para outro local.

Um dos efeitos indesejáveis da regularização fundiária é o aumento no preço dos lotes. Martim Smolka aponta que quanto maior for a expectativa de regularização e, como consequência, maiores os benefícios e a infraestrutura do lote, maior será o seu sobrepreço. Assim, não prospera a ideia de que a redução de custos para o solo urbano implica que a queda seja repassada ao comprador, já que o preço do solo se vincula à sua capacidade de pagamento.

Outra consequência danosa identificada é o incentivo à criação de novos assentamentos irregulares por pessoas interessadas em lucrar com eles ou em serem posteriormente beneficiadas. No Peru, país com fortes tradições em programas de regularização, foi constatado que sua política de regularização, com o tempo, promovia novas invasões urbanas em terrenos públicos, visando ao acesso à terra. Por consequência, "traficantes" ilegais de terra começaram a atuar, pressões sociais e influência de fatores políticos também perturbaram a eficiência do instituto, inclusive ao alterar as datas limites para regularização em terras públicas.

O alto custo para promover a regularização fundiária pode retirar completamente sua viabilidade econômica e/ou tornar mais atrativa a adoção de outras alternativas, como a remoção dos assentados para outro local ou mesmo a urbanização e destinação de uma área ainda não ocupada. Martim Smolka constatou que:

> [..] o estudo de 11 das favelas urbanizadas pelo Programa Guarapiranga, em São Paulo, revela que o custo por família beneficiada é de US$7.962,10 para um lote médio de 52m^2 (Rocha *et al.*, 2000) o que corresponde a algo como US$153 por metro quadrado, um valor bem superior aos cobrados por loteadores/urbanizadores privados, incluindo uma substancial margem de lucro. Nesta mesma linha, estimativas de Aristizábal e Gómez (2002), para Bogotá, sugerem que o custo da urbanização corretiva ("reparación") de um assentamento irregular é 2,7 vezes superior ao custo das áreas planejadas. Calderón (1997) sugere que os custos dos programas de regularização de Recife teriam alcançado valores de 4 a 10 vezes superiores aos de provisão de habitações. Em uma avaliação de 14 projetos em favelas de 7 cidades, em 5 estados brasileiros, Caicedo e Izar (1999) revelam que os custos médios de (re)urbanização são de US3.400 – variando entre US$510 a US$6.400 – segundo a complexidade das obras). Cifras semelhantes parecem aplicar-se também ao programa Favela-Bairro, cujo custo total para as obras previstas nas primeiras 4 fases (de 1994 a 1999) teria sido de R$361.878,00, beneficiando uma população total de 316.127 pessoas 47 – algo como US$3.500 a US$4.000 por família, conforme estabelecido em contrato com o BID. Outros programas na cidade do Rio de Janeiro – como o Projeto de Urbanização Integral das Favelas de Pavão, Pavãozinho e Cantagalo – resultaram em investimento por domicílio de US$1.247 em 1983. No entanto, 15 anos depois do término das obras, permanecem como favelas. O programa de Urbanização de Favelas e Loteamentos de Baixa Renda, proposto pelo Prefeito Saturnino Braga, em 1987, previa recursos da ordem de US$960 milhões, beneficiando 1.055 mil favelados e 545 mil moradores de loteamentos irregulares, algo como US$640 per capita, ou US$3 mil

por família! (Kelson *op. cit.).* Considerando um lote de 50/60m^2, e um adicional de 20% correspondente à fração ideal do somatório de áreas públicas (ruas, praças etc.) totais do assentamento e à área destinada aos equipamentos (quadras de esporte, creches, centros comunitários etc.), o que equivale a, aproximadamente, US$40 a US$70 por metro quadrado em um lote familiar.

Ermínia Maricato também constatou o maior custo dos processos de regularização, entre 10% a, no máximo, 50%. O contingente de casas a serem regularizadas é enorme, e as verbas são escassas, não sendo aconselhável promover regularizações com preços extremamente elevados. Muitas áreas, devido à sua alta densidade populacional, à precariedade das construções e ao terreno irregular, inflacionam demasiadamente o preço de instalação de qualquer estrutura urbanística, como vias de trânsito e saneamento básico. Seria contrário até ao Princípio da Eficiência na Administração Pública conduzir um processo tão oneroso, quando fosse possível construir novas áreas urbanizadas, devidamente planejadas, para uma população duas ou mais vezes superior ao número de beneficiados com o processo de regularização.

Outro aspecto importante é a realização por completo do projeto urbanístico atrelado à regularização fundiária, ela é a sua essência e o fator que indicará o seu sucesso ou falha. Caso a qualidade dos processos de regularização seja equivalente, por exemplo, as obras do Programa Minha Casa Minha Vida, criticadas pelo Tribunal de Contas da União, como destacado no ponto 1.5 deste trabalho, pela sua precariedade e má qualidade das construções, eles poderão ter um saldo negativo para a sociedade, principalmente se alguma Área de Preservação Permanente fora sacrificada para dar seguimento ao projeto.

A lei de regularização fundiária dispõe que as obras de implantação de infraestrutura essencial, de equipamentos comunitários e de melhoria habitacional, bem como sua manutenção, podem ser realizadas antes, durante ou após a conclusão do processo de regularização (artigo 36, §3º). A permissão para realizar as obras essenciais após o fim do processo de regularização é um contrassenso, uma vez que a melhoria das condições urbanísticas faz parte da regularização fundiária, não é um elemento acessório, mas componente fundamental para se atingir os objetivos elencados na legislação. Processos que visem apenas a titulação dos ocupantes não estarão prestando a devida assistência para a solução da crise habitacional.

4.5 Há espaço para flexibilização de normas ambientais para realizar processos de regularização fundiária?

Após discorrer sobre os fundamentos para o direito à moradia e ao meio ambiente ecologicamente equilibrado, bem como sobre as diversas variáveis existentes no contexto da regularização fundiária em Áreas de Preservação Permanente ao longo deste livro, neste momento serão analisadas, através do princípio da proporcionalidade, quais normas devem prevalecer no conflito entre os direitos fundamentais observados.

O postulado da proporcionalidade, segundo lição de Humberto Ávila, é aplicável à análise dos casos em que houver uma medida concreta destinada a realizar uma finalidade (resultado extrajurídico almejado), ou seja, existe uma relação entre meio e fim. No conflito em apreço, a flexibilização das normas ambientais é o meio, e a garantia do direito à moradia das pessoas em assentamentos irregulares é o fim. O exame da proporcionalidade é realizado a partir de três exames: de adequação, de necessidade e de proporcionalidade em sentido estrito. Qualquer ato estatal deve satisfazer, simultaneamente, esses três exames ou subprincípios, para ser considerado compatível com o princípio da proporcionalidade.

No exame de adequação, duas exigências são verificadas: a) a legitimidade dos fins perseguidos pelo estado; e b) se os meios são aptos a contribuir, ao menos em parte, com a consecução do resultado traçado. A regularização fundiária, na condição de instrumento para promoção do direito à moradia, atende, tranquilamente, ao primeiro requisito, pois, além de legítima, a garantia desse direito é, igualmente, um dever do Estado. A exceção ao regime de proteção das Áreas de Preservação Permanente também é necessária para efetuar a regularização nessas áreas e descartar a necessidade de remoção dos assentados.

O exame da necessidade compreende a verificação da existência de meios alternativos àqueles escolhidos pelo Poder Executivo ou Legislativo, os quais possam promover a finalidade almejada, sem restringir, ou, ao menos, sem restringir com a mesma intensidade, os direitos fundamentais afetados. Nesse caso, existem soluções alternativas para a regularização fundiária, notadamente a relocação dos assentados, mas essa e outras medidas esbarram em problemas de viabilidade, desrespeito a direitos e questões orçamentárias. Como já foi relatado, o Poder Público deve atentar para as ligações culturais e históricas dos moradores com a área onde vivem, além de considerar possíveis complicações oriundas da remoção desses moradores para locais afastados.

Por fim, deve haver proporcionalidade em sentido estrito, consistindo na análise dos ganhos com a realização da finalidade em comparação com a intensidade da restrição de direitos. Humberto Ávila sintetiza o ponto nesta pergunta: "O grau de importância da promoção do fim justifica o grau de restrição causado aos direitos fundamentais?" O referido jurista reconhece a dificuldade em se verificar esse ponto, por ser um exame complexo, posto que a valoração das vantagens e desvantagens depende de uma avaliação fortemente subjetiva.

Para que os ganhos superem as perdas, é fundamental que após o processo de regularização fundiária existam políticas e ações para manter a sustentabilidade e a qualidade urbanística da área. A Prefeitura de Curitiba, por exemplo, instituiu o "Programa Compra do Lixo", para atender regiões onde os caminhões de coleta não conseguem chegar, realidade comum nos núcleos urbanos informais espalhados pelo país. Em parceria com as associações de moradores, os participantes do programa efetuam a coleta e depositam o lixo em caçambas da prefeitura, que os recompensa pela ação. O acompanhamento da área e o trabalho de engajamento com a comunidade deve ser contínuo, a fim de evitar retrocessos, como destacam Almeida e Silva ao discorrerem sobre o processo de regularização fundiária conduzido no reservatório Billings, localizado no Município de São Paulo:

> Em casos como o da Bacia da Billings, a ponderação entre os direitos deve ser feita de maneira participativa, integrando setores governamentais e a sociedade civil. Essa interação tende a aumentar a eficácia das medidas de recuperação ambiental aplicadas na região, uma vez que a população local se apropria de conhecimentos sobre a fragilidade ambiental, além de poder ajudar na fiscalização, por meio de denúncias, por exemplo. (...)
>
> A regularização fundiária de interesse social atua como uma ferramenta para alcançar o direito à moradia digna e, simultaneamente, reforça a importância do meio ambiente equilibrado, através das exigências legais de mitigação, compensação e recuperação necessárias para sua realização. Nos casos em que essa regularização fundiária de interesse social ocorre em APPs, a fiscalização e o monitoramento da região é tão importante quanto a regularização em si e seus benefícios em termos de infraestrutura. O monitoramento adequado e a fiscalização rígida impedem que a regularização fundiária, no local, incentive mais ocupações irregulares com o propósito de aproveitar os benefícios provenientes dessa regularização.

Por fim, realizar avaliações sobre os resultados obtidos é importante para identificar os erros e acertos dos processos de regularização fundiária, com vistas a otimizar os processos vindouros.

A regularização fundiária não concede apenas um título seguro para proteger a moradia, ele tem o condão de mudar, significativamente, a vida de todos os membros da comunidade beneficiada. Não só pelo aspecto qualitativo conferido ao direito à moradia, mas, principalmente, pela integração dos moradores ao resto do meio urbano e, com ela, a possibilidade de usufruir de todas as funções essenciais da cidade.

A questão ambiental é prioritária. As Áreas de Preservação Permanente exercem funções essenciais, mas, como bem ressalta Edson Ferreira de Carvalho, a proteção ambiental não pode ignorar as questões sociais:

> Antes de iniciar a abordagem das restrições ecológicas aos direitos humanos, deve-se esclarecer que a necessidade e a urgência de proteção ao meio ambiente como direito coletivo deve ser feito no contexto de uma sociedade democrática, para que se evite o risco de se oprimir indivíduos ou minorias, colocando-se em risco os direitos civis, políticos, econômicos, sociais e culturais consagrados. A imposição de limitações ecológicas visa a assegurar, em curto e longo prazo, a promoção desses direitos através da promoção do desenvolvimento sustentável, nas perspectivas econômica, social e ecológica.

A extrema pobreza também é vetor de desequilíbrios ambientais, posto que não há como separar o desarmônico processo de urbanização com o meio ambiente. Assentamentos informais costumam ser desprovidos de qualquer infraestrutura, como saneamento básico, coleta de lixo, fornecimento de água potável, entre outros serviços essenciais. Destarte, planejamento urbano e políticas habitacionais são eixos importantes para enfrentar a crise ambiental, pois não há sustentabilidade na extrema pobreza.

Ademais, o Código Florestal exige, no processo de regularização, através de estudo técnico, a comprovação da melhoria das condições ambientais em relação à situação anterior, com a adoção das medidas indicadas no projeto.

Todavia, nos processos de regularização fundiária de interesse específico, o exame da proporcionalidade em sentido estrito é sensivelmente alterado. Diferentemente dos processos de interesse social, seus beneficiários não são de baixa renda e, via de regra, já estão inseridos em um ambiente garantidor de direitos que possibilita uma vida digna.

A regularização fundiária de interesse social justifica a supressão de áreas de proteção pela grande transformação social que ela promove, não sendo o caso dos processos de interesse específico.

O instituto foi concebido para promover a regularização e a urbanização de assentamentos irregulares humildes, carentes de infraestrutura urbana básica. A regularização de habitações, condomínios, loteamentos de alto padrão e prédios comerciais não merece receber os mesmos "privilégios" conferidos à população mais humilde, que sofre com a dinâmica mercantilista do espaço urbano e a segregação socioespacial. A legislação urbanística não pode funcionar como instrumento para validar invasões de terras públicas e espaços ambientalmente protegidos, por pessoas/empreendimentos, em troca de alguma contraprestação, pois existiria uma degradação mediante pagamento daqueles que usurparam um bem coletivo (meio ambiente) em interesse próprio, algo inadmissível.

Tendo em vista os argumentos supracitados, os processos de regularização fundiária em Áreas de Preservação Permanente, sobretudo nas de interesse social, passam pelo exame de proporcionalidade e, portanto, constituem opções viáveis para o Poder Público atacar o déficit habitacional urbano.

A regularização fundiária torna maleáveis normas urbanísticas (como as normas presentes na Lei de Parcelamento do Solo Urbano – Lei nº 6.766/1979), mas busca fortalecer o urbanismo (condições de habitabilidade na cidade). Da mesma forma, a legislação excepciona as normas de proteção ambiental para possibilitar uma melhoria nas condições ambientais, *lato sensu*, ao garantir conquistas sociais e econômicas combinadas com a recuperação de áreas degradadas e a proteção dos recursos hídricos.

Foi exposto neste capítulo um suposto conflito entre o direito fundamental à moradia e ao meio ambiente ecologicamente equilibrado. Contudo, Edésio Fernandes aponta que não há propriamente um conflito:

> Mas, haveria mesmo um conflito entre preservação ambiental e moradia? Trata-se de uma falsa questão: os dois são valores e direitos sociais constitucionalmente protegidos, tendo a mesma raiz conceitual, qual seja, o princípio da função socioambiental da propriedade. O desafio, então, é compatibilizar esses dois valores e direitos, o que somente pode ser feito através da construção não de cenários ideais, certamente, não de cenários inadmissíveis, mas de cenários possíveis.

De fato, o termo "conflito", utilizado na doutrina de direito constitucional para descrever o choque entre dois ou mais princípios constitucionais, pode suscitar a ideia de que um elemento será descartado em detrimento da prevalência de um interesse constitucional específico. Esse não é o caso dos processos de regularização fundiária em Áreas de Preservação Permanente. Os interesses urbanísticos e ambientais sempre devem ser conjugados e nunca excluir por completo o outro. Na mesma linha, a autonomia do direito urbanístico e do direito ambiental não tem o condão de diminuir a clara interdependência existente entre eles. Nas cidades, os diversos conhecimentos devem ser reunidos para enfrentar as complexidades urbanas.

CONSIDERAÇÕES FINAIS

Os múltiplos temas desenvolvidos neste livro espelham a complexidade do problema proposto para pesquisa. A regularização fundiária em Áreas de Preservação Permanente é um processo multifacetado, encrustado no espaço urbano, palco de vários embates socioambientais e políticos, tornando necessária, ao longo dos capítulos, a compreensão de questões relativas ao direito à cidade, ao direito ambiental e à dinâmica da propriedade urbana, por exemplo, antes de tentar confirmar a hipótese fixada inicialmente.

A cidade deve cumprir suas funções sociais para prover aos seus habitantes condições para exercerem a cidadania sem entraves, além de garantir uma boa qualidade de vida a estes. Essas funções reunidas constituem a própria essência de direito à cidade. Na realidade brasileira, a moradia é a função social mais premente. Uma família sem moradia adequada encontra-se totalmente desamparada e impedida de gozar de diversos direitos básicos, e os números do déficit habitacional brasileiro evidenciam que há uma enorme carência por moradias. As habitações ainda devem atender a quesitos qualitativos, como existência de infraestrutura adequada, economicamente acessível e segurança jurídica à posse, pois, inexistindo esses fatores, a habitação será considerada precária.

O meio ambiente, base material para a vida, constitui um direito fundamental consagrado na nossa Constituição de 1988, e é um elemento indispensável para uma vida saudável, bem como para a economia e para questões geopolíticas do Estado. O texto constitucional igualmente prevê a existência de deveres fundamentais para os cidadãos e o Poder Público. Este, entre várias atribuições, deve instituir espaços territoriais especialmente protegidos, para preservar funções ecológicas relevantes para a manutenção de um meio ambiente sadio, a exemplo das Áreas de Preservação Permanente. No meio urbano, essas áreas têm grande relevância, conferem estabilidade geológica, reduzindo a probabilidade de ocorrerem enchentes, protegem os recursos hídricos e influenciam, positivamente, o microclima da cidade.

A ordem jurídica atual não admite que o direito à propriedade seja usufruído de forma irrestrita e sem atender a sua função social. Todavia, o acesso à terra urbanizada ainda é um privilégio, e, diante da segregação socioespacial que impulsiona a formação de assentamentos irregulares, o instituto da regularização fundiária surge como alternativa para garantir os direitos correlatos à propriedade e melhorias urbanísticas aos ocupantes. A regularização fundiária não pode restringir-se a conferir um título de propriedade, ao contrário disso, necessariamente, ela deve vir acompanhada de investimentos na infraestrutura urbanística, visando a melhorias nas condições de habitabilidade da população beneficiada. O Código Florestal, assim como o novo marco legal da regularização fundiária, instituído pela Lei nº 13.465, permitem a aplicação do instituto nas ocupações localizadas em Áreas de Preservação Permanente, exigindo a demonstração de melhoria das condições ambientais em relação à situação existente e das melhorias que serão implantadas.

Tendo em vista os aspectos observados, a hipótese fixada para o problema da pesquisa de que o direito fundamental ao meio ambiente ecologicamente equilibrado, por não ser absoluto, não pode se transformar em um obstáculo para o gozo de direitos sociais básicos, incorporando a população mais pobre e vulnerável a um grave contexto de injustiça ambiental, foi confirmada. Sendo possível, assim, em alguns casos especiais, constatada a viabilidade e a necessidade da preservação das moradias, que as normas de proteção ambiental sejam flexibilizadas.

Conforme os argumentos colacionados no início do quarto capítulo, as consequências da crise ambiental não são distribuídas uniformemente entre a população. As pessoas que compõem as classes mais baixas estão mais vulneráveis e suscetíveis a sofrer com os deslizamentos de terra, as crises hídricas e as consequências do aumento da temperatura no planeta. As normas de proteção ambiental não podem levar ao aumento da exclusão social, uma vez que não há como termos uma proteção efetiva e integral da natureza, enquanto existir pobreza. Questões sociais e ambientais estão umbilicalmente ligadas e demandam uma proteção conjugada. O direito ambiental e o direito urbanístico atuam no mesmo espaço, um não ficará completo sem o outro, logo, promover a união dessas duas especialidades é uma das chaves para uma gestão ambiental urbana bem-sucedida e capaz de formar cidades sustentáveis.

A regularização fundiária de interesse social, voltada para ocupantes com baixa renda, mesmo que implique na supressão da proteção conferida às Áreas de Preservação Permanente, pode, ao final, trazer ganhos ambientais, desde que o projeto seja executado na íntegra. Os assentamentos informais, geralmente, impactam de forma negativa o ambiente nos seus entornos, por não contar com saneamento básico, coleta de lixo e poluição dos corpos d'água. A simples remoção dos ocupantes não implica, necessariamente, a melhoria das condições ambientais, já que a área desocupada ainda terá que ser recuperada, e essas pessoas, inevitavelmente, procurarão outro lugar para morar, talvez até mesmo em outra Área de Preservação Permanente, onde continuarão o ciclo de degradação.

No caso das regularizações fundiárias de interesse específico, os argumentos em favor da proteção das camadas mais pobres da população não são aplicáveis. Destarte, ao ponderar se a norma de proteção pode ser flexibilizada para beneficiar essas pessoas que invadiram as Áreas de Preservação Permanente por outros motivos que não eram a pressão do mercado imobiliário e a segregação socioespacial que atingem as camadas mais pobres, o Poder Público deve ser mais rigoroso, optando por remover os ocupantes e cobrar pela recuperação da área degradada ou proceder à regularização fundiária mediante a fixação de compensações ambientais.

REFERÊNCIAS

ABRAMO, Pedro. Eu já tenho onde morar... a cidade da informalidade. *In*: ABRAMO, Pedro (Org.). *A cidade da informalidade*: o desafio das cidades latino-americanas. Rio de Janeiro: Sete Letras, 2003.

ABREU, Haroldo. *Para além dos direitos. Cidadania e hegemonia no mundo moderno*. Rio de Janeiro: Editora UFRJ, 2008.

ACSELRAD, Henri. Ambientalização das lutas sociais – o caso do movimento por justiça ambiental. *Estudos Avançados*, São Paulo, v. 24, n. 68, p. 103-119, jan. 2010. Disponível em: http://www.revistas.usp.br/eav/article/view/10469/12204. Acesso em 16 set. 2015.

AHRENS, Sérgio. O Código Florestal e as leis da natureza. *In*: Congresso Internacional de Direito Ambiental, 15. Congresso Brasileiro de Direito Ambiental, 16. Congresso de Direito Ambiental dos países de língua portuguesa e espanhola. São Paulo, 2011. *PNMA*: 30 anos da Política Nacional de Meio Ambiente. São Paulo: Instituto O Direito por um Planeta Verde, 2011. v. 1.

ALEMANHA. *Lei Fundamental da República Federal da Alemanha*. (Trad. Assis Mendonça, Aachen). Deutscher Bundestag, 2011. Disponível em: https://www.btg-bestellservice.de/pdf/80208000.pdf. Acesso em 15 fev. 2017.

ALFONSIN, Betânia de Moraes *et al*. Do cercamento das terras comuns ao Estatuto da Cidade: a colonialidade do direito de propriedade como obstáculo para a efetivação do direito à cidade no Brasil. *Revista de Direito da Cidade*, [S.l.], v. 15, n. 1, p. 294-330, mar. 2023. ISSN 2317-7721. Disponível em: https://www.e-publicacoes.uerj.br/index.php/rdc/article/view/64045. Acesso em: 08 maio 2023. DOI: https://doi.org/10.12957/rdc.2023.64045.

ALFONSIN, Betânia de Moraes (coord.). *Direito urbanístico*: estudos brasileiros e internacionais. Belo Horizonte: Editora Del Rey, 2006. p. 193.

ALEXY, Robert. *Teoria dos direitos fundamentais*. São Paulo: Malheiros, 2008.

ALMEIDA, Paulo Santos de Almeida; SILVA, Iohana Cristina Nogueira. Regularização fundiária em áreas de conservação: análise da legislação ambiental e seus reflexos nas populações locais vulneráveis e no meio ambiente entre 2000-2010 no reservatório Billings impacto na saúde humana. *Revista Direito Ambiental e sociedade*, v. 7, n. 2, 2017. p. 239-264.

AMADEI, Vicente de Abreu; YOSHIDA, Consuelo Yatsuda Moromizato. *In*: MACHADO, Paulo Afonso Leme; MILARÉ, Edis (Coords.). *Novo código florestal*: comentários à Lei nº 12.651, de 25 de maio de 2012 e à MedProv nº 571, de 25 de maio de 2012. 1. ed. São Paulo: Editora Revista dos Tribunais, 2012.

AMNESTY INTERNATIONAL; GREENPEACE NETHERLANDS. *The toxic truth – about a company called trafigura, a ship called the probo koala, and the dumping of toxic waste in côte d'Ivoire*. London: Amnesty International Publications, 2012.

ANTUNES, Paulo Bessa. Área protegida e propriedade constitucional. São Paulo: Atlas, 2011.

ANTUNES, Paulo Bessa. *Comentário ao novo código florestal*. 2. ed. atual. de acordo com a Lei nº 12.727/12. São Paulo: Atlas, 2014.

ANTUNES, Paulo Bessa. Áreas de preservação permanente urbanas: o Novo Código Florestal e o Judiciário. *Revista de informação legislativa*, v. 52, n. 206, p. 83-102, abr./jun. 2015.

ARISTÓTELES. *Política*. (Trad. Mário da Gama Kury). Brasília, DF: Editora Universidade de Brasília, 1985.

ARRUDA, Ana Paula Serpa Nogueira de. Reconstrução identitária em processos de reassentamento: a experiência de moradores em programas de habitação social. *Teoria e Cultura (UFJF)*, v. 8, p. 71-84, 2013.

ÁVILA, Humberto Bergmann. *Teoria dos princípios*: da definição à aplicação dos princípios jurídicos. 16. ed. São Paulo: Malheiros, 2015.

BANCO MUNDIAL. Cities and climate change: an urgent agenda. *Urban Development Series Knowledge Papers*, v. 10, dez. 2010.

BARROSO, Luís Roberto. *Curso de Direito Constitucional contemporâneo*. 1. ed. São Paulo: Saraiva, 2009.

BELCHIOR, Germana Parente Neiva. *Fundamentos epistemológicos do Direito Ambiental*. Tese (doutorado) – Universidade Federal de Santa Catarina, Centro de Ciências Jurídicas. Programa de Pós-Graduação em Direito. Orientador, José Rubens Morato Leite – Florianópolis, SC, 2015.

BENJAMIN, Antonio Herman de Vasconcellos e. Hermenêutica do novo Código Florestal. *Revista de Direito Ambiental*: RDA, v. 19, n. 73, p. 15-24, jan./mar. 2014.

BEZERRA, M.; SANTOS, J.; AGUIAR, Ávila. Ilhas de calor: importância da vegetação na amenização climática em João Pessoa/PB. (Heat Islands: the importance of vegetation in climate softening in João Pessoa/PB). *Revista Brasileira de Geografia Física*, v. 6, n. 5, 2013.

BLAIKIE, Piers *et al*. *At risk. Natural hazards, people's vulnerability and disasters*. 2. ed. Londres: Routledge, 2004.

BONIZZATO, Luigi. *Teoria do Direito Constitucional Urbanístico*. Rio de Janeiro: Lumen Juris, 2010.

BRAGA, Daniel Lourenço. Organicismo, sustentabilidade e os "direitos da natureza". *Revista Brasileira de Direito Animal*, Salvador, v. 9, n. 17, p. 87-117, set./dez. 2014.

BRASIL. *AC – Apelação Civel nº 364594 2002.82.00.009337-9*, Desembargador Federal Edílson Nobre, TRF5 – Quarta Turma, DJE – Data: 18.05.2018.

BRASIL. *Apelação Cível nº 5005366-03.2012.404.7004*, TRF4, Quarta Turma, Relatora Des. Federal Vivian Josete Pantaleão Caminha, por unanimidade, julgado em 22.03.2017.

BRASIL. *Com nova fase, minha casa minha vida vai alcançar 4,6 milhões de casas construídas*. Disponível em: http://www.brasil.gov.br/infraestrutura/2016/03/minha-casa-minha-vida-chega-a-3a-fase-com-2-milhoes-de-novas-moradias-ate-2018. Acesso em 02 fev. 2017.

BRASIL. Ministério do Desenvolvimento Social e Combate à Fome. *Pesquisa nacional sobre a população em situação de rua*. 2008. Disponível em: http://www.defensoria.sp.gov.br/dpesp/Repositorio/31/Documentos/sum%C3%A1rio_executivo_pop_rua_pesq_censo_MDS.pdf. Acesso em 10 set. 2015.

BRASIL. Planalto. *Entenda as novas regras do Minha Casa Minha Vida*. 2016. Disponível em: http://www2.planalto.gov.br/acompanhe-planalto/noticias/2017/02/entenda-as-novas-regras-do-minha-casa-minha-vida. Acesso em 02 fev. 2017.

BRASIL. Supremo Tribunal Federal. *MS nº 22.164*, rel. min. Celso de Mello, j. 30.10.1995, DJ de 17.11.1995.

BRASIL. Supremo Tribunal Federal. *RE nº 761.680/PB*, Relatora: Min. Cármen Lúcia, Data de Julgamento: 27.08.2013, Data de Publicação: 04.09.2013.

BRASIL. Superior Tribunal de Justiça. *AgRg no REsp nº 769.405/SP*, Rel. Min. Mauro Campbell Marques, Segunda Turma, DJe 16.04.2010.

BRASIL. Superior Tribunal de Justiça. *Recurso Especial nº 1.310.471/SP*. Segunda Turma, Relator: Ministro Herman Benjamin, Data de Julgamento: 18.06.2013.

BRASIL. Supremo Tribunal Federal. *AgRg no AREsp nº 327.687/SP*, Rel. Ministro Humberto Martins, segunda turma, julgado em 15.08.2013, DJe 26.08.2013.

BRASIL. Superior Tribunal de Justiça. *REsp: nºs 1.482.184 RS 2014/0196028-2*, Relator: Ministro Humberto Martins, Data de Julgamento: 17.03.2015, T2 – segunda turma, Data de Publicação: DJe 24.03.2015.

BRASIL. Supremo Tribunal Federal. *REsp nº 1.357.263/PR*, Rel. Ministro Herman Benjamin, segunda turma, julgado em 16.05.2013, DJe 17.11.2016.

BRASIL. Supremo Tribunal Federal. *REsp nº 1.128.981/SP*, Rel. Ministro Benedito Gonçalves, primeira turma, julgado em 18.03.2010, DJe 25.03.2010.

BRASIL. Tribunal Justiça do Distrito Federal. *Apelação nº 0001594-31.2010.807.0001*. Relator(a): Sérgio Rocha; Data de Julgamento: 13.10.2010, 2ª Turma Cível, Data de Publicação: 22.10.2010.

BRASIL. Tribunal de Justiça de São Paulo. *Apelação nº 0373841-43.2009.8.26.0000*. Relator(a): Marcelo Berthe. Comarca: Jundiaí. Órgão julgador: 1ª Câmara Reservada ao Meio Ambiente. Data do julgamento: 12.11.2015. Data de registro: 17.11.2015.

BRASIL. Tribunal de Justiça de São Paulo. *Agravo de Instrumento nº 2033909-38.2019.8.26.0000*. Relator (a): Luciana Bresciani. Órgão Julgador: 2ª Câmara de Direito Público. Data do Julgamento: 14.05.2019. Data de Registro: 20.05.2019.

BRASIL. Tribunal de Justiça de Minas Gerais. *IAC Cv nº 1.0079.14.027484-0/002*, Relator(a): Des.(a) Wander Marotta, 1ª Seção Cível, julgamento em 20.11.0017, publicação da súmula em 24.11.2017.

BRASIL. Tribunal Justiça do Rio de Janeiro. *Nº 0057421-16.2018.8.19.0000* – Agravo de Instrumento, Des(a). Mauro Dickstein – Julgamento: 12.03.2019 – Décima Sexta Câmara Cível.

BRASIL. Tribunal de Justiça de São Paulo. *Acórdão nº 1022509-20.2017.8.26.0451*, Relator(a): Des.(a) Vicente de Abreu Amadei, 1ª Câmara de Direito Público, julgamento em 11/06/2019, publicação da súmula em 11/06/2019.

BRASIL. Tribunal de Justiça de São Paulo. *Acórdão nº 1001265-33.2016.8.26.0075*, Relator(a): Des.(a) Marcelo Berthe, 1ª Câmara Reservada ao Meio Ambiente, julgamento em 23/03/2021, publicação da súmula em 23/03/2021.

BRASIL. Tribunal de Justiça de São Paulo. *Acórdão nº 2238134-83.2020.8.26.0000*, Relator(a): Des.(a) Djalma Lofrano Filho, 13ª Câmara de Direito Público, julgamento em 30/11/2020, publicação da súmula em 30/11/2020.

BRASIL. Tribunal de Justiça de Minas Gerais. *Acórdão nº 1.0000.22.065220-0/001*, Relator(a): Des.(a) Márcio Idalmo Santos Miranda, 1ª Câmara Cível, julgamento em 21/03/2023, publicação da súmula em 21/03/2023.

BASSUL, José Roberto. *Estatuto da Cidade: quem ganhou, quem perdeu?* Brasília: Senado, 2005.

BRITO, Rodrigo A. Toscano. Desapropriação judicial e usucapião coletivo: uma análise comparativa. *Parahyba Judiciária*, v. 8, p. 197-220, 2012.

BULLARD, Robert D.; JOHNSON, Glenn S. Environmentalism and public policy: environmental justice: grassroots activism and its impact on public policy decision making. *Journal of Social Issues*, v. 56, n. 3, p. 555-578, 2000.

CANOTILHO, Jose Joaquim Gomes. *Protecção do ambiente e direito de propriedade*: crítica de jurisprudência ambiental. Coimbra: Coimbra editora, 1995.

CARMONA, Paulo Afonso Cavichioli. *Violência X cidade*: o papel do direito urbanístico na violência urbana. Brasília-DF: Fundação Escola Superior do Ministério Público do Distrito Federal e Territórios, 2014.

CARMONA, Paulo Afonso Cavichioli; ZAGO, Fábio Bragança; SOUZA, Oriane Graciani de. Legitimação Fundiária na Promoção do Direito Fundamental à Moradia. *Revista Magister de Direito Ambiental e Urbanístico*, n. 89, abr./maio 2020. Disponível em: http://www.mpgo.mp.br/boletimdompgo/2020/07-jul/artigos/artigo-paulo-fabio-oriane.pdf.

CARVALHO, Edson Ferreira de. *Meio ambiente e Direitos humanos*. 2. ed. Curitiba: Juruá, 2011.

CARVALHO, Natalie de Paula. Ronald Coase e a propriedade privada: uma nova visão para o velho direito? *In*: MENDONÇA, Maria Lírida Calou de Araújo e *et al.* (Org.). *As garantias da propriedade e as intervenções estatais*. 1. ed. Curitiba: Juruá Editora, 2012, v. 1.

CASTRO, Paulo Rabello. *Galo cantou! A conquista da propriedade pelos moradores do Cantagalo*. Rio de Janeiro: Record, 2011.

CORDEIRO, Karine da Silva. *Direitos fundamentais sociais*: dignidade da pessoa humana e mínimo existencial, o papel do poder judiciário. Porto Alegre: Livraria do Advogado, 2012.

CORREIA, Arícia Fernandes; FARIAS, Talden. Considerações a respeito da edificação urbana à margem de rios: a Lei nº 12.651/2012 (novo Código Florestal) e a competência legislativa municipal. *In*: FERREIRA, Olavo A. V. Alves; GRAU NETO, Werner. (Org.). *Temas polêmicos do novo Código Florestal*. 1. ed. São Paulo: Migalhas, 2016. v. 1.

CORREIA, Arícia Fernandes. Zonas de especial interesse social e núcleos informais no novo marco regulatório da regularização fundiária urbana: criação de normas específicas e/ou dispensa de exigências legais genéricas? *In*: GARZOLA, Patrícia Marques (Coord.) *Regularização fundiária de interesse social e os desafios da sustentabilidade*. Rio de Janeiro: Ágora, 2019.

COULANGES, Numa-Denys Fustel. *A cidade antiga*. (Trad. Frederico Ozanam Pessoa de Barros). São Paulo: Edameris, 1961.

DANTAS, Thiago Braga. Os princípios ambientais e o conceito de sustentabilidade: gerações futuras diante dos recursos naturais do brasil. *In*: CUNHA, Belinda Pereira (Coord.). Temas fundamentais de direito e sustentabilidade socioambiental. Manaus: Governo do Estado do Amazonas – Secretaia de Estado e Cultura, 2012.

DE MARCO, Cristhian Magnus; BATTIROLA, Ane Michelina Dalbosco. Programa habitacional Casa Verde e Amarela: uma análise sobre a importância do debate nas esferas públicas para a construção do espaço público. *Revista de Direito da Cidade*, [S.l.], v. 13, n. 4, p. 1855-1887, dez. 2021. ISSN 2317-7721. Disponível em: https://www.e-publicacoes.uerj.br/index.php/rdc/article/view/57055. Acesso em: 11 jun. 2023. DOI: https://doi.org/10.12957/rdc.2021.57055.

DI SARNO, Daniela Campos Libório. *Elementos de Direito Urbanístico*. Barueri, SP: Manole, 2004.

DIAS, Daniella S. *Planejamento e desenvolvimento urbano no sistema jurídico brasileiro*: óbices e desafios. 1. ed. Curitiba: Juruá, 2012.

DINIZ, Maria Helena. *Curso de direito civil brasileiro, volume* 4: Direito das coisas. 27. ed. São Paulo: Saraiva, 2012.

DUARTE, Marise Costa de Souza. Os conflitos socioambientais urbanos no Brasil e a Constituição Federal de 1988. *In*: DANTAS, Marcelo Buzaglo; SÉGUIN, Élida; AHMED, Flávio (Org.). *O Direito ambiental na atualidade*: estudos em homenagem a Guilherme José Purvin de Figueiredo. 1. ed. Rio de Janeiro: Lumen Juris, 2010.

D'OTTAVIANO, Maria Camila Loffredo; QUAGLIA-SILVA, Sérgio Luís. Regularização fundiária no Brasil: velhas e novas questões. *Planejamento e políticas públicas*, v. 34, p. 201-229, 2010.

EQUADOR. *Constitución del Ecuador*. 2008. Disponível em: http://www.oas.org/juridico/pdfs/mesicic4_ecu_const.pdf. Acesso em 15 fev. 2017.

FACCHINI NETO, Eugênio. A constitucionalização do direito privado. *Revista do Instituto do Direito Brasileiro da Faculdade de Direito da Universidade de Lisboa – RIBD*, v. 01, p. 185-244, 2012.

FACHIN, Luiz Edson. *Direito civil*: sentidos, transformações e fim. Rio de Janeiro: Renovar, 2015.

FARIAS, Cyntia Mirella da Costa; FARIAS, M. E. C.; ANDRADE, Mariana Dionísio de. Função Social da Propriedade no Âmbito do Direito Internacional Privado. *In*: MENDONÇA, Maria Lírida Calou de Araújo e *et al*. (Org.). *As garantias da propriedade e as intervenções estatais*. 1. ed. Curitiba: Juruá Editora, 2012. v. 1.

FARIAS, Cristiano Chaves de; ROSENVALD, Nelson. *Curso de Direito Civil*: Direitos reais. 8. ed. rev. ampl. e atual. Salvador: Juspodivm, 2012. v. 5.

FARIAS, Talden. *Direito ambiental*: tópicos especiais. João Pessoa: Editora Universitária, 2007.

FARIAS, Talden. Considerações a respeito da injusta distribuição do dano e do risco ambiental no espaço social. *Revista de Direito e Liberdade*, v. 7, p. 411-425, 2007.

FARIAS, Talden. *Licenciamento ambiental*: aspectos teóricos e práticos. 7. ed. Belo Horizonte: Fórum, 2019.

FEITOSA, Maria Luiza Alencar Mayer *et al*. *Direitos humanos de solidariedade*: avanços e impasse. 1. ed. Curitiba: Appris, 2013. v. 1.

FERNANDES, Edésio. A produção socioeconômica, política e jurídica da informalidade urbana. *In*: SAULE JÚNIOR, *et al*. (Orgs.) *Regularização da terra e da moradia*: o que é e como implementar. São Paulo: Instituto Pólis, 2002.

FERNANDES, Edésio. Perspectivas para a renovação das políticas de legalização das favelas no Brasil. *In*: ABRAMO, Pedro (Org.). *A cidade da informalidade*: o desafio das cidades latino-americanas. Rio de Janeiro: Sete Letras, 2003.

FERNANDES, Edésio. Preservação ambiental ou moradia? Um falso conflito. *In*: ALFONSIN, Betânia; FERNANDES, Edésio (Org.). *Direito urbanístico*: estudos brasileiros e internacionais. Belo Horizonte: Del Rey, 2006.

FERNANDES, Edésio. *Regularização de assentamentos informais na América Latina*. Cambridge, MA: Lincoln Institute of Land Policy, 2011. Disponível em: https://www.lincolninst.edu/sites/default/files/pubfiles/regularizacao-assentamentos-informais-full_1.pdf. Acesso em 20 jul. 2019.

FERREIRA FILHO, Paulo Sérgio. As lógicas por trás das políticas de regularização fundiária: a alteração de paradigma pela Lei nº 13.465/2017. *Revista de Direito da cidade*, v. 10, n. 3, p. 1449-1482, 2018.

FERREYROS, Martha; PANTOJA, Enrique. From reactive regularization of informal settlements to provision of formal urban land: a new approach to address the poor's demand for land. *In*: *Annual World Bank Conference on Land and Poverty 2015*: Linking land tenure and use for shared prosperity. Washington/EUA: World Bank, 2015. Disponível em: https://www.conftool.com/landandpoverty2016/index.php?page=browseSessions&form_session=403&metadata=show&presentations=show. Acesso em 20 fev. 2017.

FRANÇA. *Declaração dos Direitos do homem e do cidadão*. 1789. Disponível em: http://www.faimi.edu.br/revistajuridica/downloads/numero7/declaracao.pdf. Acesso em 20 fev. 2017.

FRANÇA, Carolina Jabour. Regularização fundiária como política pública de redução de desigualdade social e reintegração espacial: aspectos gerenciais e de regularização jurídica. *In*: GARZOLA, Patrícia Marques (Coord.) *Regularização fundiária de interesse social e os desafios da sustentabilidade*. Rio de Janeiro: Ágora, 2019.

FRANCO, José Gustavo de Oliveira. *Direito Ambiental – matas ciliares*: conteúdo Jurídico e biodiversidade. 1. ed. Curitiba: Juruá, 2005. v. 1.

FUNDAÇÃO JOÃO PINHEIRO. *Déficit habitacional no Brasil 2011-2012*. Belo Horizonte: Centro de Estatística e Informações, 2015.

FURTADO, Celso. Os desafios da nova geração. *Revista de Economia Política Revista de Economia Política*, n. 4, v. 24, out./dez. 2004.

GOMES, Orlando. *Direitos Reais*. 21. ed. rev. e atual. por Luiz Edson Fachin. Rio de Janeiro: Forense, 2012.

GRAU, Eros. Parecer. *In*: STROZAKE, Juvelino José (Coord.). *A questão agrária e a justiça*. São Paulo: RT, 2000.

GRANZIERA, Maria Luiza Machado. *Direito Ambiental*. 3. ed., rev., e ampl. São Paulo: Atlas, 2014.

HARVEY, David. *Rebel cities*: from the right to the city to the urban revolution. London: Verso, 2012.

HESSE, Konrad. *A força normativa da Constituição*. (Trad. Gilmar Ferreira Mendes). Porto Alegre: Sérgio Antônio Fabris Editor, 1991.

IHERING, Rudolf Von. *A luta pelo direito*. (Trad. João de Vasconcelos). São Paulo: Martin Claret, 2009.

PAINEL INTERGOVERNAMENTAL SOBRE MUDANÇAS CLIMÁTICAS – IPCC. *Climate change 2014*: impacts, adaptation, and vulnerability. Part A: global and sectoral aspects. Contribution of working group II to the fifth assessment report of the intergovernmental panel on climate change. Cambridge, United Kingdom/New York, NY, USA: Cambridge University Press, 2014.

JUDT, Tony. *Algo va mal*. Mexico D.F.: Altaurus, 2010.

KLOEPFER, Michael. A caminho do Estado Ambiental? A transformação do sistema político e econômico da República Federal da Alemanha através da proteção ambiental especialmente desde a perspectiva da ciência jurídica. *In*: SARLET, Ingo Wolfgang (Org.). *Estado Socioambiental e Direitos Fundamentais*. Porto Alegre: Livraria do Advogado, 2010.

KRIEGEL, Albert *et al*. *Cuepo del derecho civil romano. Promera parte institua – digesto*. Barcelona: Jaime Molinas, 1889.

KUEHN, Robert R. A taxonomy of environmental justice. *Environmental Law Reporter*, v. 30, p. 10681-10703, 2000. Disponível em: http://ssrn.com/abstract=628088. Acesso em 11 set. 2015.

LE CORBUSIER. *Planejamento urbano*. 2. ed. São Paulo: Perspectiva, 1971.

LEFEBVRE, Henri. *Espacio y politica*. 1. ed. Barcelona: Ediciones península, 1976.

LEFEBVRE, Henri. *O direito à cidade*. 5. ed. São Paulo: Centauro, 2011.

LEFF, Enrique. *Ecologia, capital e cultura*: a territorialização da racionalidade ambiental. Petrópolis-RJ: Vozes, 2009.

LEFF, Enrique. Marxism and the environmental question: From the critical theory of production to an environmental rationality for sustainable development. *Capitalism Nature Socialism*, v. 4, n. 1, p. 44-66, 1993.

LEFF, Enrique. *Saber ambiental*: sustentabilidade, racionalidade, complexidade e poder. 4. ed. Petrópolis-RJ: Vozes, 2001.

LIRA, Ricardo Pereira. Direito urbanístico, Estatuto da cidade e regularização fundiária. *In*: RODRIGUES, Francisco Luciano Lima (Org.) *Estudos de Direito Constitucional e Urbanístico*: em homenagem à Prof. Magnólia Guerra. São Paulo: RCS Editora, 2007.

LÔBO, Paulo. Metodologia do direito civil constitucional. *In*: RUZYK, Carlos Eduardo Pianovisky *et al*. (Org.). *Direito civil constitucional*. 1. ed. Florianópolis: Conceito, 2014. v. 1.

LOPES, João Eduardo G.; SANTOS, Raque Chinaglia P. *Capacidade de reservatórios*. Escola Politécnica da Universidade de São Paulo. São Paulo, jul. 2002. Disponível em: http://www.esalq.usp.br/departamentos/leb/disciplinas/Fernando/leb1440/Aula%206/Capacidade%20de%20Reservatorios.pdf. Acesso em 10 jul. 2019.

LUFT, Rosangela M. Questões pontuais na elaboração do Plano Diretor: planejamento urbano e factibilidade ética. *Revista da Faculdade de Direito da UERJ*, v. 1, p. 01-18, 2010.

MACHADO, Paulo Affonso Leme. *Direito ambiental brasileiro*. 21. ed. São Paulo: Malheiros, 2013.

MACHADO, Paulo Affonso Leme. *Estudos de Direito Ambiental*. São Paulo: Editora Malheiros, 2014.

MAIA, Luciano Mariz. *O cotidiano dos Direitos Humanos*. João Pessoa: Editora Universitária/UFPB, 1999.

MARCUSE, Peter. Whose right(s) to what city? *In*: BRENNER, Neil; MARCUSE, Peter; MAYER, Margit. *Cities for people, not for profit*. London: Routledge, 2012.

MARICATO, Ermínia. Metrópole, legislação e desigualdade. *Estudos avançados*, São Paulo, v. 17, n. 48, p. 151-166, ago. 2003.

MARICATO, Ermínia. Conhecer para resolver a cidade ilegal. *In*: CASTRIOTA, Leonardo Basci (Org.). *Urbanização brasileira*: redescobertas. Belo Horizonte: C/Arte, 2003.

MARICATO, Ermínia. Para entender a crise urbana. *CaderNAU-Cadernos do Núcleo de Análises Urbanas*, v. 8, n. 1, p. 11-22, 2015.

MARQUES, Cláudia Lima. Diálogo entre o Código de Defesa do Consumidor e o novo Código Civil: do diálogo das fontes no combate às cláusulas abusivas. *Revista de Direito do Consumidor*, São Paulo, n. 45, p. 77-78, jan./mar. 2003.

MARSHALL, T. H. *Cidadania, classe social e "status"*. Rio de Janeiro: Zahar Editores, 1967.

MARTINS, José de Souza. *A sociedade vista do abismo*: novos estudos sobre exclusão, pobreza e classes sociais. Editora Vozes: Petrópolis-RJ, 2002.

MELO, Lígia. *Direito à moradia no Brasil*: política de acesso por meio da regularização fundiária. Belo Horizonte: Fórum, 2010.

METZGER, Jean Paul. O código florestal tem base científica? *Natureza & Conservação*, v. 08, p. 92-99, 2010.

MILAGRES, Marcelo de Oliveira. *Direito à moradia*. São Paulo: Atlas, 2011.

MILARÉ, Edis. *Direito do ambiente*: a gestão ambiental em foco: doutrina, jurisprudência, glossário. 5. ed. rev., atual e ampl. São Paulo: Editora Revista dos Tribunais, 2007.

MINISTÉRIO PÚBLICO FEDERAL. *Regularização fundiária urbana em áreas de preservação permanente* / 4ª Câmara de Coordenação e Revisão, Meio Ambiente e Patrimônio Cultural. – Brasília: MPF, 2017.

MORAES, Maria Celina Bodin de. A constitucionalização do direito civil e seus efeitos sobre a responsabilidade civil. *Direito, Estado e Sociedade*, v. 9, n. 29, p. 233-258, jul./dez. 2006.

MUMFORD, Lewis. *The culture of cities*. London: Secker & Warburg, 1946.

NEWMAN, Peter; JENNINGS, Isabella. *Cities as sustainable ecosystems*: principles and practices. Island Press: Washington, 2012.

NERIS, Lucas Gabriel Duarte *et al*. Regularização fundiária urbana e ODS 11: análise a partir do conjunto habitacional Gramoré. *Revista Brasileira de Gestão e Desenvolvimento Regional*, 2024, v. 20, n. 1.

NUSSBAUM, Martha. *Fronteiras da justiça*: deficiência, nacionalidade, pertencimento à espécie. São Paulo: Martins Fontes, 2013.

ORGANIZAÇÃO DAS NAÇÕES UNIDAS – ONU. Assembleia Geral das Nações Unidas, de 10 de dezembro de 1948. *Declaração Universal dos Direitos Humanos*. Disponível em: http://unicrio.org.br/img/DeclU_D_HumanosVersoInternet.pdf. Acesso em 14 set. 2015.

ORGANIZAÇÃO DAS NAÇÕES UNIDAS – ONU. Assembleia Geral das Nações Unidas, de 16 de dezembro de 1966. *Pacto Internacional dos Direitos Econômicos, Sociais e Culturais*. Disponível em: http://www.oas.org/dil/port/1966%20Pacto%20Internacional%20sobre%20os%20Direitos%20Econ%C3%B3micos,%20Sociais%20e%20Culturais.pdf. Acesso em 14 set. 2015.

ORGANIZAÇÃO DAS NAÇÕES UNIDAS – ONU. Assembleia Geral das Nações Unidas. *Declaração sobre o direito ao desenvolvimento*. 4 dez. 1986. Disponível em: http://www.dhnet.org.br/direitos/sip/onu/bmestar/dec86.htm. Acesso em 11 set. 2015.

ORGANIZAÇÃO DAS NAÇÕES UNIDAS – ONU. *Report of the World Commission on Environment and Development: Our commum future.* 1987.

Disponível em: https://sustainabledevelopment.un.org/content/documents/5987our-common-future.pdf. Acesso em: 20 nov. 2020.

ORGANIZAÇÃO DAS NAÇÕES UNIDAS – ONU. Committee on Economic, social and cultural rights. *The right to adequate housing (Art. 11 (1))*: 13.12.1991. CESCR General comment 4. (General Comments). Disponível em: http://www.unhchr.ch/tbs/doc.nsf/(Symbol)/469f4d91a9378221c12563ed0053547e?Opendocument. Acesso em 12 set. 2015.

ORGANIZAÇÃO DAS NAÇÕES UNIDAS – ONU. Conferência das Nações Unidas sobre meio ambiente e desenvolvimento, 1992. *Agenda 21*. Disponível em: http://www.mma.gov.br/estruturas/agenda21/_arquivos/cap07.pdf. Acesso em 10 set. 2015.

ORGANIZAÇÃO DAS NAÇÕES UNIDAS – ONU. *Transformando nosso mundo*: a agenda 2030 para o desenvolvimento sustentável. 2015. Disponível em: https://nacoesunidas.org/wp-content/uploads/2015/10/agenda2030-pt-br.pdf. Acesso em 02 fev. 2016.

ORGANIZAÇÃO DAS NAÇÕES UNIDAS – ONU. United Nations Conference on Housing and Sustainable Urban Development (Habitat III). *Draft outcome document of the United Nations Conference on Housing and Sustainable Urban Development (Habitat III).* Disponível em: http://nua.unhabitat.org/uploads/DraftOutcomeDocumentofHabitatIII_en.pdf. Acesso em 02 fev. 2017.

ONU-HABITAT. *Estado de las ciudades de América Latina y el Caribe – 2012*. ONU, Nova Iorque, 2012.

ONU-HABITAT. *State of the world's cities 2008/2009*: harmonious cities. ONU, Nova Iorque, 2008.

ORREL, David. *Economitos*. Rio de Janeiro: Best Business, 2012.

OSÓRIO, Letícia Marques. Direito à cidade como direito humano coletivo. *In*: FERNANDES, Edésio; ALFONSIN, Betânia de Moraes (Coord.). *Direito urbanístico*: estudos brasileiros e internacionais. Belo Horizonte: Editora Del Rey, 2006.

OSÓRIO, Letícia Marques. O direito à moradia como direito humano. *In*: ALFONSIN, Betânia; FERNANDES, Edésio (Coord.). *Direito à moradia adequada*: o que é, para quem serve, como defender e efetivar. Belo Horizonte: Fórum, 2014.

OST, François. *A natureza à margem da lei*: a ecologia à prova do direito. Lisboa: Instituto Piaget, 1995.

OUTEIRO, Gabriel Moraes. Um estudo histórico-institucional do programa terra legal de regularização fundiária na Amazônia. *Rei – Revista Estudos Institucionais,* [S. l.], v. 5, n. 2, p. 559-585, 2019. DOI: 10.21783/rei.v5i2.325. Disponível em: https://www.estudosinstitucionais.com/REI/article/view/325. Acesso em: 6 jan. 2023.

PBMC. *Contribuição do grupo de trabalho 1 ao primeiro relatório de avaliação nacional do painel brasileiro de mudanças climáticas. Sumário Executivo GT1.* Rio de Janeiro: PBMC, 2014.

PARK, Robert Ezra. A cidade: sugestões para a investigação do comportamento humano no meio urbano. *In*: VALLADARES, Licia do Prado (org.). *A sociologia urbana de Robert. E. Park.* Rio de Janeiro: Editora UFRJ, 2018.

PEREIRA, Caio Mario da Silva. *Instituições de Direito Civil. Vol. III. Contratos*. 18. ed. Rio de Janeiro: Forense, 2014.

PEREIRA, Rafael. Henrique Moraes; SCHWANEN, Tim. *Tempo de deslocamento casa – trabalho no Brasil (1992-2009)*: diferenças entre regiões metropolitanas, níveis de renda e sexo. Rio de Janeiro: Ipea, 2013.

PEREIRA, Rosalinda P. C. Rodrigues. A teoria da função social da propriedade rural e seus reflexos na acepção clássica de propriedade. *In*: STROZAKE, Juvelino José (Coord.). *A questão agrária e a justiça*. São Paulo: RT, 2000.

PEREIRA, Luciano Alves. *Cidadania como diálogo*: as dimensões pública e comunitária da comunicação no Programa de Regularização Fundiária Plena do Jardim Curitiba em Goiânia. Dissertação (Mestrado em Comunicação) Faculdade de Informação e Comunicação da Universidade Federal de Goiás, Goiânia-GO, 2018.

PETERS, Edson Luiz; PANASOLO, Alessandro. *Reserva legal e áreas de preservação permanente: à luz da nova Lei Florestal nº 12.651/2012*. Curitiba: Juruá, 2014.

PIOVESAN, Flávia. *Direitos humanos e direito constitucional internacional*. 9. ed. rev., ampl. e atual. São Paulo: Saraiva, 2008.

POLÍZIO JÚNIOR, Vladimir. *Novo código florestal – comentado, anotado e comparado*. São Paulo: Rideel, 2012.

PORTUGAL. *Constituição da República Portuguesa*. 1976. Disponível em: http://dre.pt/util/pdfs/files/crp.pdf. Acesso em 15 fev. 2017.

RAMMÊ, Rogério Santos. *Da justiça ambiental aos direitos e deveres ecológicos*: conjecturas políticos-filosóficas para uma nova ordem jurídico-ecológica. Caxias do Sul, RS: Educs, 2012.

REIS, Eduardo Moreira. *Aspectos práticos da regularização fundiária de interesse social*. *In*: SOUZA, Adriano Stanley Rocha de; ARAUJO, Marinella Machado; FARIA, Edimur Ferreira de (Orgs.). *Regularização fundiária aplicada*. 1. ed. Belo Horizonte: PUC Minas, 2016.

RIOS, Arthur. *Regularização fundiária urbana*: procedimento administrativo de regularização de áreas pela Lei nº 11.977/2009. Curitiba: Juruá, 2012.

RODRIGUES, Daniela Rosário. O direito à propriedade titulada por meio de regularização fundiária. *In*: NALINI, José Roberto; LEVY, Wilson (Coords.). *Regularização fundiária*. 2. ed. rev., atual e ampl. Rio de Janeiro: Forense, 2014.

ROLNIK, Raquel. *O que é cidade*. São Paulo: Brasiliense, 1995.

ROLNIK, Raquel. Entrevista com a relatora especial da ONU para o direito à moradia adequada, Raquel Rolinik. *In*: ALFONSIN, Betânia; FERNANDES, Edésio (Coord.). *Direito à moradia adequada*: o que é, para quem serve, como defender e efetivar. Belo Horizonte: Fórum, 2014.

ROLNIK, Raquel. *Guerra dos lugares*: a colonização da terra e da moradia na era das finanças. 1. ed. São Paulo: Boi Tempo, 2015.

ROMANELLI, Luiz Cláudio. *Direito à moradia à luz da gestão democrática*. 2. ed. Curitiba: Juruá, 2009.

SACHS, Ignacy. *Caminhos para o desenvolvimento sustentável*. Rio de Janeiro: Garamond, 2009.

SACHS, Ignacy. *Desenvolvimento*: includente, sustentável, sustentado. Rio de Janeiro: Garamond, 2008.

SACHS, Ignacy. Ecodesarrollo: concepto, aplicaciones, beneficios y riesgos. *Agricultura y sociedade*, n. 18, p. 10, 1981.

SACHS, Ignacy. *Rumo à ecossocioeconomia*: teoria e prática do desenvolvimento. São Paulo: Cortez, 2007.

SALDANHA, Valéria Lima. A criação dos espaços territoriais protegidos. *In*: RODRIGUES, Francisco Luciano Lima (Org.). *Estudos de Direito Constitucional e Urbanístico*. 1. ed. São Paulo: RCS Editora, 2007.

SALLES, Venicio. Função social da propriedade. *In*: NALINI, José Roberto; LEVY, Wilson (Coords.). *Regularização fundiária*. 2. ed. rev., atual e ampl. Rio de Janeiro: Forense, 2014.

SANTOS, Milton. *O espaço da cidadania e outras reflexões*. Porto Alegre: Fundação Ulysses Guimarães, 2011.

SÃO PAULO. Lei nº 16.402, de 22 de março de 2016. Disciplina o parcelamento, o uso e a ocupação do solo no Município de São Paulo, de acordo com a Lei nº 16.050, de 31 de julho de 2014 – Plano Diretor Estratégico (PDE). *Diário Oficial da União*, São Paulo, 22 mar. 2016. Disponível em: http://legislacao.prefeitura.sp.gov.br/leis/lei-16402-de-22-de-marco-de-2016/. Acesso em 15 fev. 2017.

SÃO PAULO. Secretaria de Habitação. *Programa Estadual de regularização fundiária – cidade legal*. Disponível em: http://www.habitacao.sp.gov.br/secretariahabitacao/graprohab/cidade_legal.aspx. Acesso em 20 abr. 2016.

SARLET, Ingo Wolfgang. *A eficácia dos direitos fundamentais*: uma teoria geral dos direitos fundamentais na perspectiva constitucional. 10. ed. Porto Alegre: Livraria do Advogado, 2009.

SARLET, Ingo Wolfgang. Algumas notas sobre a eficácia e efetividade do direito à moradia como direito de defesa aos vinte anos da Constituição Federal de 1988. *In*: ALFONSIN, Betânia; FERNANDES, Edésio (Coord.). *Direito à moradia adequada*: o que é, para quem serve, como defender e efetivar. Belo Horizonte: Fórum, 2014.

SARLET, Ingo Wolfgang; FENTERSEIFER, Tiago. Direito *Constitucional ambiental*: constituição, direitos fundamentais e proteção do ambiente. 3. ed. rev., atual e ampl. São Paulo: Editora Revista dos Tribunais, 2013.

SAULE JÚNIOR, Nelson. *Novas perspectivas do Direito Urbanístico – Ordenamento Constitucional da Política Urbana*. 1. ed. Porto Alegre: Sergio Fabris Editora, 1997. v. 1.

SARMENTO, Daniel. A normatividade da constituição e a constitucionalização do Direito Privado. *Revista da EMERJ*, Rio de Janeiro, v. 6, n. 23, p. 272-297, 2003.

SARMENTO, Daniel. Revisitando os princípios da proporcionalidade e da razoabilidade. *In*: ANJOS FILHO, Robério Nunes dos (Org.). *Direitos humanos e Direitos fundamentais*: diálogos contemporâneos. 1. ed. Salvador: JusPodivm, 2013.

SCHÄFFER, Wigold Bertoldo *et al*. Áreas de preservação permanente e unidades de conservação X áreas de risco: O que uma coisa tem a ver com a outra? Relatório de inspeção da área atingida pela tragédia das chuvas na região serrana do Rio de Janeiro. Brasília: Ministério do Meio Ambiente, 2011.

SEN, Amartya. *Desenvolvimento como Liberdade*. São Paulo: Companhia das Letras, 2000.

SETTE, André Luiz Menezes Azevedo. *Direito dos Contratos*: seus princípios fundamentais sob a ótica do Código Civil de 2002. 1. ed. Belo Horizonte: Mandamentos, 2003.

SILVA, Américo Luís Martins da. *Direito do meio ambiente e dos recursos naturais*. São Paulo: Editora Revista dos Tribunais, 2005. v. 2.

SILVA, José Afonso da. *Direito urbanístico brasileiro*. 5. ed. São Paulo: Malheiros, 2008.

SILVA, José Afonso da. *Direito Ambiental Constitucional*. 4. ed. São Paulo: Malheiros Editores. 2004.

SILVA, José Afonso da. *Curso de Direito Constitucional Positivo*. 25. ed. São Paulo: Malheiros, 2005.

SIRVINSKAS, Luís Paulo. *Manual de direito ambiental*. 11. ed. São Paulo: Saraiva, 2013.

SMOLKA, Martim. Regularização da Ocupação do Solo Urbano: A Solução que é Parte do Problema. O Problema que é Parte da Solução". In: ABRAMO, Pedro, (org.). Cidade da Informalidade – O desafio das cidades latino-americanas. Rio de Janeiro: Ed. Livraria Sette Letras, FAPERJ, 2003.

SMOLKA, Martin O.; LARANGEIRA, Adriana de Araújo. Cediendo terreno? Informalidad y Politicas urbana en America Latina. *In*: LARANGEIRA, Adriana de Araujo. *Regularización de asentamientos informales en America Latina*. Cambridge: Lincoln Institute, 2007.

SORTO, Fredys Orlando. O projeto jurídico de cidadania universal: reflexões à luz do direito de liberdade. *Anuario Hispano-Luso-Americano de Derecho Internacional*, Madrid, v. 20, p. 103-126, ene./dic. 2011.

SOUZA, Sérgio Iglesias Nunes de. *Direito à moradia e de habitação*: análise comparativa e suas implicações teóricas e práticas com os direitos da personalidade. 3. ed. rev. atual e amp. São Paulo: Editora Revista dos Tribunais, 2013.

STOLZE, Pablo; PAMPLONA FILHO, Rodolfo. *Novo Curso de Direito Civil*. 12. ed. Saraiva, 2010. v. I.

SUNDFELD, Carlos Ari. O Estatuto da Cidade e suas Diretrizes Gerais *In*: DALLARI, Adilson Abreu; FERRAZ, Sérgio (Coord.). *Estatuto da Cidade*: comentários à Lei Federal nº 10.257/2001. 2. ed. São Paulo: Malheiros, 2006.

TABAK, Benjamin Miranda; FERREIRA FILHO, Paulo Sérgio. Um limite temporal para regularização fundiária urbana em áreas de preservação permanente: as análises econômica e comportamental do direito e a proteção ao meio ambiente. *Revista Veredas do Direito*, Belo Horizonte, v. 13, n. 27, p. 315-340, set./dez. 2016.

TARTUCE, Flávio. A Lei da regularização fundiária (Lei nº 13.465/2017): análise inicial de suas principais repercussões para o direito de propriedade. *Pensar – Revista de Ciências Jurídicas*, v. 23, p. 1-23, 2018.

TCU. Secretaria de Métodos Aplicados e Suporte à Auditoria – Seaud. *Relatório de auditoria operacional no Programa Minha Casa Minha Vida*. Brasília, 2013. Disponível em: http://portal.tcu.gov.br/lumis/portal/file/fileDownload.jsp?inline=1&fileId=8A8182A14D92792C014D92858CFD7429. Acesso em 02 fev. 2017.

TEPEDINO, Gustavo. *Temas de Direito Civil*. 4. ed. Rio de Janeiro: Renovar, 2008.

TORRES, Ricardo Lobo. O mínimo existencial e os direitos fundamentais. *Revista Direito Administrativo*, Rio de Janeiro, jul./set. 1989.

VIEIRA, Anderson Henrique; ALVES, Larissa da Silva Ferreira. Direitos reais secundários e planejamento urbano: uma alternativa às estratégias clássicas de pensar o território. *urbe. Revista Brasileira de Gestão Urbana* [*online*]. 2021, v. 13. Disponível em: https://doi.org/10.1590/2175-3369.012.e20200005.

VIEIRA, Anderson Henrique; FARIAS, Talden. Regularização Fundiária Urbana (REURB): considerações sobre a sua matriz conceitual normativo-doutrinária. *Revista de Direito da Cidade, [S. l.]*, v. 15, n. 4, p. 1.772-1.809, 2024. Disponível em: https://www.e-publicacoes.uerj.br/rdc/article/view/74367. Acesso em: 13 fev. 2024.

WEBER, Max. *Economia e sociedade*: fundamentos da sociologia compreensiva. (Trad. Regis Barbosa e Karen Elsabe Barbosa; Revisão técnica de Gabriel Cohn). Brasília, DF: Editora Universidade de Brasília, 1999. v. 2.

Esta obra foi composta em fonte Palatino Linotype, corpo 10
e impressa em papel Polen Bold 70g (miolo) e
Supremo 250g (capa) pela Gráfica Formato.